エッセイ集

窓

第十集

エッセイ集『窓』第十集

——☆目　次☆——

最晩年のヘンリーミラー……作家　アーヴィング・ステットナー 6
窓を開けて……エッセイスト　小野田京子 20
五十周年を迎えて……女優　朝丘雪路 30
大和心《やまとごころ》……カリフォルニア人間科学大学院（USA）客員教授　高橋周七 38
日中運動を通して……国際養生文化協会理事長　飯田隆雄 48
私の10ページ自叙伝……女優　浜　木綿子《ゆうこ》 70
わが闘病の夏に……作家　上野霄里《しょうり》 80

孫とサンタクロス……………俳優　前田武彦　96
〝国境なき医師団〟の活動とノーベル平和賞
……国境なき医師団（日本事務局局長）ドミニク・レギュイエ　106
にこちん力《りょく》……たばこ評論家　赤瀬川煙平　116
大切な宝物……俳優　川津祐介　128
ワールドカップに夢をのせて……参議院議員　釜本邦茂　144
介護の現場から……ケアマネージャー　吉江福子　160
人間としての基本を大切に……女優　中原ひとみ　172

命のフィナーレは誰が演出するのか……坂下緋美 184
恋はロッキーのように……元世界チャンピオン 渡嘉敷《とかしき》勝男 194
いま刈り入れをむかえ……俳優 長門裕之 204
私の雲消し体験談……気功研究家 杉村洸爾 218
病からの生還 家族の愛……俳優 根上淳 232
日本人の意識あれこれ……評論家 正垣親一 242
妻への鎮魂歌……洋画家 織田広喜 262
楽餓鬼随想録……上野火山 272

本文中イラスト　小林　豊（19ページ　115ページ　203ページ）

最晩年のヘンリーミラーと私

作家　アービング・ステットナー

ヘンリーミラー……ヘンリーミラー……その名は、口にするだけで人の心を奮い起こしてくれる。その力強い響き、エネルギー。あるいは彼は、私達を目覚めさせ、思考させてくれる作家。例えば彼の存在は、仏陀と彼が現れた訳を問われた時に、「目覚めよ」といった答えそのもの。少なくとも私にとっては……。

「目覚めさせる」、それは又、芸術家にとっての使命、あるいはメッセージではなかったのか。少なくともそれに値する芸術家であり得るならば。

私達の驚嘆する心を事物の不可思議に、太陽に、月に、星に、全ての動物や植物に、生命の不思議に、ただ存在しているということに。そして人生そのものに、その奇跡に、無限の可能性に、私達に遮二無二《しゃにむに》気づかせてくれる。恍惚の境地にもさえも。

ヘンリーミラー。その人と作品。私には、その両方を経験するという光栄で喜ばしい希な特権が与えられた。私は彼の30冊以上におよぶ作品を全て読んだ。30年以上にわたり彼は、私の偉大な英雄だった。そして幸運なことについに彼と対面し、私達は親交を深めた。彼の住んでいたカリフォルニア州のパシフィック・パリセイズの家を3度訪れ、そのうち一度は、3日間滞在した。

その時の彼に対する印象は？　それは彼自身とその作品との間に何ら違いはないということだった。強いて言えば、実際の彼の人となりにもっと強い印象を受けたということだろう。

彼は、その時、87才に近い年令だったが、未だ肌は20才の若者のように透き通り、その青い目はきらきらと輝いていた。「真に生き生きしている」それが後にも先にも、私の彼に対する印象だ。彼は、よく微笑み、よく笑った。そして見るからに平穏そのものだった。彼は物事に敏感でよく気がつき、頭の回転が早く、私の言おうとしていることも、口を開く前からわかっているという感じがした。彼はごく自然で、暖かく、情と包容力に溢れていた。私が玄関に入るやいなや、両腕を私の身体に回し、フランス風の抱擁で迎えてくれた。

何とも突然、私の目の前に、かのヘンリーミラーがいた。あの北（南）回帰線の作家、世界的に名の知れた彼が……。私の緊張は頂点に達した。

しかしヘンリーは、私の緊張をすぐに解いてくれた。彼は即座に、彼自身のニューヨークはイーストビレッジでの体験を語り始めた。それは50年以上も前に彼が執筆を始めた頃、夜な夜なイーストビレッジのカフェを回ってキャンディ類を売り歩いた時の話だった。それは、いかに金持ち達が、気まぐれにチョコレート箱から取り出し、かじっては又、そのまま箱に戻し、結局、何一つ買いはしなかったのだと。

「つまり」と彼はつけ加えた。「自分の過去の高慢さの付けが回ってきたのだ。その少し前、私がウェスタンユニオンの雇用主任をやっていて高給取りだった頃、道で乞食に物乞いされるたびに無視したばかりか、時には怒鳴り散らしさえしたものだ。」私の気持はすぐ楽になった。

彼の話が終わった時、私は有名な作家ヘンリーミラーの前ではなく、箱入りキャンディを売り歩いた行商人の彼の前にいたのだ。

そして2度目の彼への訪問。夕食会に招待された夜のことを思い出す。彼の秘書のサンディが私の水彩画をぜひ買いたいと言うことで、夕食の席に持ってくるように前もって言われていた。私はもちろん喜んでそうした。

ヘンリーは、食卓に着く前に早くも絵をサンディに見せるようにと言い出した。サンディは、2枚のうち1枚を選びかねていたが、彼は、ニコニコしながら、「大丈夫、2枚とも買おう。」と軽く言い放った。そして数分後、キャッシュを私に夕食の席で渡し、こうつけ加えるのだった。「これはロスまでの余分のタクシー代の20ドルだが、それ以上の場合は自分持ちだぞ」と。

前にも書いたように、作家としての彼と、一人の人間としての彼との間には寸分の相違もなかった。自分自身を、自分の持てる物すべてを、常に与え続けた彼。何とも寛大に、気前よく……。（中略）

ちょっと話は戻るが、私は1940年代に一度、ミラーが、カリフォルニア州のビッグサーに住んでいた時代に少しだけ彼に会ったことがある。私は「北回帰線」にボリスとして登場するマイケルフランケルと、ある友人を通して知り合いになり、フランケルの本「私生児の死」を、私の軍隊からの除隊金で出版したこともあり、そんな関係で、私はフランケルに、ミラーへの紹介状を書いてもらいビッグサーのミラーの小屋を訪ねたのだった。

彼は、そこにいず、サンフランシスコの近代美術館にいるということを近所の人から聞き彼を探し当てた。私は自分を出版関係の人間だと彼に紹介し、フランケルの手紙を渡した。その後、何度か彼と手紙のやり取りをした。そして2カ月後、私はパリに旅立った。

私がパリにいた1947年前後、又、私達は時折、便りを交わした。その頃、ミラーの本はまだ、アメリカでは解禁になっておらず、彼は財政的にとても苦しい状態にあった。私は彼から「今日、2人の子供のためになけなしのお金でミルクを2マイル歩いて買いに行った」という内容の手紙を受け取ったことがある。しかし、彼は、時折、私の為に古着などの詰まった大きな包みを送ってくれたのを私はよく覚えている。彼にとっては、郵送する船賃だってばかにならなかったであろうに。

そうして20年が経った。私はパリからニューヨークへ戻り、船員として航海したり、西海岸で過ごしたり、あちこち独楽《こま》のように動き廻っていた。しかし彼は私にとって、偉大なる師であり英雄であり続けた。

新しい本が出る度、本屋に飛びこんだ。後に私はニューヨークのイーストビレッジに落ちついた。そして、1978年の春、自分の詩とインク画を載せ、自費出版した小雑誌をミラーに送った。驚いたことに彼からは私の詩を賞賛するハガキが舞い込んだ。

私は大得意だった。そして興奮のうちに彼に私の水彩画を送った。そして数日後、今度は彼から、私の絵を誉めたたえ、自分の家の特別な場所にその絵を飾るつもりだと書いた手紙を受け取った。

私は天にも昇る気持ちだった。私は、数カ月間狂ったように昼夜を問わず絵を描きまくったのを覚えている。当時、私の編集していた前衛雑誌「ストローカー」の第6号が出た所だった。もちろん、彼から寄稿してもらえたらという思いが脳裏をよぎらない訳でもなかったが、そんな大それたことを彼に頼める訳もなかった。

いずれにしても、「ストローカー」を一部、先のハガキのお礼としてミラーに送った。そして、私の驚きをよそに、彼から、「ストローカー」を〝真のダダイズムの精神に則《のっと》ったユニークな雑誌〟と高く評価した6ページにも及ぶ手紙が届いた。

その手紙の何と素晴らしかったことか。私は彼に、次号にその手紙を載せたいというお願いと、その報酬として25ドルのチェック（それが当時の私にとって精一杯だった）を、それしか払えないお詫びの言葉と共に送った。そして「このチェックは君の善意を傷つけない為に受け取るが、今後は、自分への報酬は一切考えなくてよい」という内容の手紙を彼から貰った。そしてその後2年半にわたり、オリジナルストーリー、エッセイ、インク画等、「ストローカー」の為に送り続けてくれたばかりか、毎回最新号が出る度に、友人に贈るという理由で30部をオーダーし続けてくれた。

私達はその間、多くの書簡のやり取りをした。そして時折、彼はサイン入りの本や、リトグラフを贈ってくれた。私の方からも、絵を贈った。という訳で私達は、お互いにプレゼントの交換をし合った。

特にお互いの誕生日、クリスマスやロシュハシャナ（彼はユダヤ人ではなかったが、ユダヤ教の祝日も祝った。それは、因習打破という意味もこめて、そして、きっと又、別の贈り物をする口実として）に。いつしか数を重ねる内に、彼の家は、私の絵のコレクションで一杯になってしまった。「その内ここでステットナーギャラリーを始めるようだ」と手紙の中で言ったくらいに。

何という嬉しい励ましだったろう。

そして、そのうち私はどうしても、現実の彼に会わずにはいられなくなった。手紙で親交を深めるのに勝ることはないが、もうほとんどを言い尽くした感があった。私は思い切ってグレイハウンドバスでロスへと向かった。

そして彼との出会い。先に言ったように、それは私を失望させなかった。以前にも増して彼は私の巨大な英雄であり、しかもなにからなにまで人間そのものだった。食事の席で彼の横に座った時に彼から感じた〝芸術家〟としての鋭い感性、そしてデリケートさ。それと同時に、彼のその大きなごつごつした手と、細い、節の目立つ指を見ても感じ取れたある種の感情的な緊張感、頑強さ。そしてあの独特な深く震えるような低い声。いや、どんな形容詞をもってしても彼を表現し尽くせるものではない。

彼の家での3日間の滞在中、一番思い出すのは、私が、昼食をミスした時のことだ。

それは、私がパシフィックパリセイズの郊外のショッピングセンターまで歩いて、当時の私のGFに電話をかけに行き、うっかり昼食の時間までに戻れなかったことがあった。

ヘンリーミラーと筆者

だが彼は、夕食の席で、なんともすまなさそうに、私に、お昼の用意を出来なかった事を詫びるのだった。

彼はそんな思いやり溢れる人間性をも所有していた。

ある夜、ブレンダ・ビーナスという、その時のミラーの恋人でもあった女優志願の、若く美しいブルネットの女性がやってきた。私のことを少し聞いていたようで、会うなり、「オー、アービング」と南部なまりの官能的な甘ったるい声で言いながら私に大げさに抱きつくのだった。

その通り、87才にして、ヘンリーミラーは未だ深い愛の苦悶の中にいた。ほとんどの真の詩人がそうであるように（例えばゲーテがミラーと同じ年令の時、20才の女性に首ったけであったように）。

それは、彼のことを性にとり憑かれた猥せつな好色文学者以外の何ものでもないと決めつけている、何も知らない俗物の批評家たちに対する答えとなり得る。実際は、それと同時に彼は、直しようのないロマンチストだった。（彼のラブレター以外に、作品の中にも、理想的な愛の形、あるいは男女のプラトニックな愛について語った文が多く存在する。それらはまるで熱狂的な詩のようだ。）何とも逆説的な話だが。このことで私は、即座にミラーの息子のトニーとの会話を思い出す。ミラーの家に滞在中、ある晩、私は彼と一緒に一時間程テレビを見ていた。そして彼の父親の重い恋愛病について話をしていた時だった。彼は、こう非難がましく言うのだった。「それが僕の父の弱点なんです。恋に恋してしまっている。」

しかしその点を考える時、いったいどんな詩人がそうでないと言えるだろう。ダンテ、ブレイク、ホイットマン等々、善きも悪しきも、高貴も下劣も、多くの事柄を熱烈に愛し、受け入れた彼ら。愛そのものが彼らの表した、洞察的、直感的世界の主なテーマではなかったのか。

ミラーの視力はかなり悪化していた為、ある午後、私は一時間程、彼の古い友人で以前20年以上も住んでいたビッグサー時代に近所にいたリリアン・ボス・ロスの小説を彼のために音読した。私達は当然、色々な話もした。彼は会話上手なだけではなく、素晴らしく物語り上手だった。特に食卓での、彼の話題は尽きなかった。例えばアメリカンインディアンの知恵について、フランス人のパントマイム役者のマルセル・マルソーとの交友関係について、インド人の思想家クリシュナ・ムルティーへの賛美、あるいは、私の友人でもある囚人芸術家トミー・トランティノについて、数十年前のニューヨーク、又は、イーストビレッジについて、その頃の彼にまつわる逸話等々。そして、彼の大きな趣味でもあった水彩画について。

そのつかみ所のない性質故か、画家が数年後に自分の描いた絵を見て、それを自分のものと認識できないばかりか、自分が描いたという事も全く忘れてしまうことさえあり得るのだと。

又彼は、色々な人種の習慣の違いについても語った。例えばヒンズー教徒達（インド人）が、ハンカチで鼻をかんでそれを又ポケットに入れて持ち歩く事を不潔なことと考え、ハンカチを絶対に使わないということ。そして2度目の妻、ジューンマンスフィールド（彼の自叙伝にモナという名で登場する）のこと、そしてアナイス・ニンのこと。彼は彼女達を、自分の出会った女性達の中で最も「超道徳的」な女性（非道徳的とは違う）だったと。

（中略）

ヘンリーと最後に会ってさよならを言った時のことを書いておきたい。私は3日目の朝、荷物をまとめ、バスターミナルまで送ってくれる筈のヘンリーの友人でもあったサバを待っていた。ヘンリーは私の為に飛行機の切符を買いたいと言ってくれたが、私は既に、帰りのバスの切符を持っていると口実を言い、断った。もうそれ以上彼の好意に甘えるのは心苦しかった。サバが来たので、私はヘンリーを探しに行った。彼は黒人の看護士のチャールズに、パジャマ姿でマッサージを受けている所だった。「さようなら、アービング」と彼はやさしく言った。その時のヘンリーの朝の空のように澄んだ目を私は未だ忘れない。「きっと」と彼は低く誠実味の籠もった声で、少しじれったそうに言うのだった。「きっと次のストローカーの為に何か書こう。全力を尽くす。」

　そう、それが彼の私への最後の言葉だった。

訳・加藤三保子

最近筆者が描いた絵

アービング・ステットナー　プロフィール

1922年ニューヨーク・ブルックリンに生まる。12才頃から絵、文筆を独学で始める。終戦の年、軍隊の一員として来日、日本人の美的感覚に感銘。その後、各国を旅し、フランスに通算6年在住。後、ニューヨーク・イーストビレッジに落ちつき、前衛雑誌「ストローカー」を編集、出版する。寄稿者でもあったヘンリーミラーと親交を深める。日本、フランスでの個展、又、詩人、小説家としても活躍中。

窓を開けて

エッセイスト　小野田京子

窓を開けて空を見上げた

紺碧の澄んだ大空、ギラギラと輝く太陽と私の目との対面は完全に私の負け。眩しさに二分として凝視する事が不可能な大いなる自然界の不思議な輝き。

たった一つの太陽が世界中を照らし、人間も動物も作物も平等に守ってくれているのに、その太陽に対し、日々の感謝を忘れてしまいそうになる自分が恥ずかしいと今日痛切に感じ、そっと窓を閉めた。

此の世の中には人より優れた才能を神様から與えられ、その道のプロとして立派に人生を歩いている方々もたくさんいる。歌手、プロゴルファー、野球の選手、サッカー、マラソンの選手、それらの方々には応援して下さるファンの方々が、これまた沢山いる。いるからこそ又、期待に応えようと必死の努力をしていらっしゃる。

努力なくして向上はないと信ずる私。

空気と同じで神様、佛様は肉眼で見ることが出来ない為に神の存在を疑う方も、若しかしているかも知れない。

私は、神様はいると固く信じて生きて来た。何故ならば、数々の奇跡を沢山この目で見て来たからだと思う。

生まれた時から私には、本当に次々と不思議な出来事が多く、予知する事が次々と予知した通りになっていった不思議さ。

自分の力ではない偉大な力が私を支えてくれた神秘の数々。光陰矢の如しというけれど、私にとって私の人生は、一條の光線のように早い歳月。

「昭和」という時代から年号が「平成」になった日、何故か「昭和」という時代に生まれ、「昭和」という時代で育った為か「昭和」という一つの時代の中の想い出までが、遠く春の淡雪のように消えそうで、平成という言葉に慣れるため、半紙に平成元年と何枚も何枚も書いたのもつい昨日のように思うのに、もう平成十二年、何という早さで月日は流れ去ってしまうのだろう。

私は自分に与えられたこの予知力と、手のひらから出てくる暖かいパワー。10年間も子宝に恵まれなかった方々に、パワーを洋服の上からあてて上げるだけで、沢山の方々の子授けが出来た事の神秘。

筆ペンを12本ほど左の手の上にのせて「何本落ちるでしょう?」と聞くと5本、3本、2本、1本とすぐ答える方がいる。当たらなくてもすぐ返答して下さるそれを私はテストしてみる。

ずーっと考えて2本かしら? 3本かしら? と迷ってなかなか答えが返ってこない方がいる。

たとえ的中しなくてもいい。打てばひびく声を私は期待する。勿論手を横にしても筆ペンでもハサミでもホチキスでも落ちない。

ある時一人の青年が、じっと私の目をみつめて「一本も落ちません」と速答した。「どうして一本も落ちないって思ったの?」と聞いたら、「先生の目が輝いていて、とても自信がありそうに見えたからです」と答えた。

そうなんだ、人間は不安でドキドキしていたら失敗する。

私は何事に対しても一生懸命、忍耐と常に精一杯の真心で人と接して、神様からプレゼントされたこの力を我欲に利用してはならないと心に誓い、物事の一つ一つを善意な神々の修業と思い乗り越えています。

人に真心、人に優しく、困った人々の灯となりたい一念ばかりの明け暮れでした。良寛のように、「災難に遭う時節には災難に遭ふがよく候、死ぬる時節に死ぬがよく候」ではあまりにも私の考え方とは遠く「災難は無難に、死ぬる時節には安楽死がよく候」にしたいと思う。

テレビのスイッチを入れたら、ホームレスのニュースが放映されていた。桜の名所だった隅田川のほとりに並んだホームレスの人々。

家の中で暖房していても冬の夜は寒いのに、リストラに遭った人、倒産した人、仕事をしたくても仕事がないという人たち……。

ああ、私に力があったら、寮を作り工場を造りそれらの人々を冬の寒空から助けて上げたい。風が吹きませんように。雪が降りませんように。雨も降りませんように。早く春になってほしい。

ホームレスの数が増加しているという現在、長寿国であって健康ならばいいけれど、老人問題は切実な話。

人は皆やがて老いていくのに、20代、30代、40代の頃は「いずれ老人に必ずなる」と頭の中では考えていたけれど、坐りきりの正座人生の私の足や腰も、人より早い老化が目立ち始め、痛さにじっと耐える私。耐え抜いて強い人間になれた私。弱音は吐けない。

そんな私でも名古屋市在住の妹には本音が語れる。

妹曰く「姉さん、私達はもうあの世行きの電車にのって終着駅を待ってるのよ！　足だって腰だって痛くなるのよ！」と心頭滅却の発言。

「なる程そうか」と半分納得したが、まだまだ私は終電車のお客にはなれない。神様からの宿題が残っているから。

「途中下車する」ときっぱり断言して「ガチャリ」と電話を切った私。

「先生、先程電話しましたが、不在でしたが」と親しくしているS子さんよりの電話。

S子さんは耳がジーンと映画館のベルのように鳴るとの事。

「美容院に行ってたのです」「ええっ病院に？」「違いますビヨオインです」「ビョーインかと思ったわ。びっくりしました」びっくりしたのは私のほうである。遠方よりはるばると私の許を訪ねて来て下さる方、皆さま一人一人が本当に心の優しい、思いやりの心をもった方達ばかり。毎月一回私の大好きな赤い百合の花束を持って来て下さる方。「お母さんの年令になって、毎月花束がもらえるなんて最高のお話」と、娘はさかんに褒めてくれる。良くして下されば2倍にして真心を返したい気持ちの私。真心と真心の助け合いの日々からは争いは起こらない。

弱い者いじめはしない。我欲をすてる。死ぬのも生きるのも神様におまかせして、今日一日を悔いなく大切に生きようと思う。

生まれて来た時、人間は何一つ持っていなかった。私は沢山の人徳をこれからも残して人々を守りたい。良心的に、野の花のように自然と共に生きたい。

冗談が大好きな妹は私にこんな事を伝えた。

「姉さん、あの、人が死ぬ時頭に三角巾つけるけど、あれは絶対イヤだからネ！」「三角巾が嫌いならどうするの？」「私は姉さん、看護婦さんになりたかったの……だからお願い。三角巾は断って、ナースのあのボーシをかぶって死にたいわ……」とのこと。「フーン」私は半分笑い、半分は妹の本音を生まれて初めて聞いた気がして、何故か妹がとても可愛いと思った。

他人だったらそんな馬鹿な会話は出来ない。

「姉さんはあの三角巾どう思う?」「あの三角巾は私だってあんまり好きじゃないわ」「第一、似合う人なんていないと思うもの……」私はつとめて明るく「私はスキーの帽子にしようかな」

妹は「姉さんは面長だからドングリみたいでいいと思う」と大笑いして「二人とも年をとったのね、姉妹でそんな夢のない会話するなんて」

それにしても三角巾は私だってノーサンキュー。妹と久し振りに意見が一致した。

多分妹は100才までも生きる事でしょう。　キンさん、ギンさんが近所に住んでいるのだから……。

「三角巾がないとあの世に行けないのかしら?」と再び妹が念を押す。

「大丈夫だいじょうぶ。此の世で人の為になることを沢山すれば」

「私ボランティアやろうかしら」と妹。彼女もやっと私の妹らしくなって来た。

私と妹はきつい冗談がポンポン出る。二人で漫才したら妹「馬鹿受けだって」。

馬鹿受けどころか、馬鹿にされるだけ。久し振りに心から笑った妹と私。

ストレスもびっくりして逃げてしまった。

私が東京から焼津に移って早や20年の歳月が流れてしまった。二階の窓を開けると晴れた日には富士山が見える。

高草山の頂上に雪が見える頃には冬となる。春には家のすぐ横を流れる川べりの桜並木に美しい桜が満開になり、川面には水草を食べる鯉が時折「パシッ」と水しぶきをあげる。

家の前は広い畑があり、野菜が採れると届けて下さる。気さくな人柄の暖かい人情にふれると心の中に灯がつく。

新米が出来たと送って下さる方、蛍が見たいといったら、島田市から蛍をわざわざ届けて下さった親切な人、私は本当に今の自分を幸せだと思う。財も残さず、ひたすらに一本の道を歩いて来たけれど、全力投球で他人の事を他人事と思わず、耳を傾けアドバイスしてきた。

「年年歳歳花相似たり、歳歳年年人同じからず」の如く、去っていった人、亡くなった方、感慨無量の人生の流れでも、自分自身の一貫した信念のままに、時には厳しく時には一緒に涙を流し、時には笑い合い、ふと気が付いたら私も老人の仲間入りの年代となってしまった。

人間は心の持ち方一つで、自分の運を変化させることが出来る。

もう年だからといって地味な洋服を着ることはない。私は何時も明るい色の洋服を着る。似合ってない。顔が洋服に負けそうになる。好きな色は空の色、海の色、花の色。好まない色は「ブラック」、告別式、通夜の客のようなスタイルはあまり好まない。前の畑で見かけるカラスと同色の服は、自分の心までが暗くなってしまう。

髪は神、服は福、やはり明るいものがいい。

夢は「老人ホーム」等で講演を無料でおこない、私の言葉や語りかけが、ほんの少しでも心の支えになる暖かいメッセージを伝えたいと思う。

「3時のあなた」「3時に会いましょう」「スタジオ2時です」「奥さん2時です」「11PM」「女性セブン」「女性自身」「週刊女性」「明星」「平凡」「ヤングレディ」「週刊文春」「週刊読売」「サンデー毎日」「週刊朝日」「週刊実話」。

色々な本で紹介された思い出。特に強い思い出は「久米宏　オールナイトニッポン」の深夜放送のラジオ番組で、矢追純一さんとUFOのお話しをエレベーターの中で話した懐かしい思い出。

これからも折りにふれ神社、寺院を参拝し、力の限り精一杯無欲の心で人々を守って上げたい。私の命にも限りがある。いま考えてみると、随分自分に厳しかった。自分の顔を自分で思い切りひっぱたいて「人生に勝て！　負けるな！　甘ったれるな！」と誰も見ていない部屋で自分自身を叱った事も度々だった。

私を叱ってくれる人は今いない。だから自分自身を私が叱る。

反省する事もある。誰も知らない私の弱音……「もう引退しよう」「もう走るのはよそう」と心の中で叫ぶ日もある事を……。

神様は「イエス」とは申されません。

小野田京子プロフィール

10人兄妹の九番目に生まれる。3才の時実母、妹を生んですぐ亡くなる。父とは別離。叔母に引き取られる。姉二人を戦災で失う。兄24才で戦死（支那湖南省零陽県）。他の兄妹も妹一人残し病死。結婚し、三人の子供が小学生の時、夫30代で急死（クモ膜下出血）。三人の子供を必死で守り育てる。

昭和45年、週刊誌にて紹介される。テレビ、ラジオ、週刊誌にて予知、予言を発表。苦労した事はすべて私の修業。「真心」感謝」が主旨。欲もなくひたすら悩める人々のための灯でありたい。

静岡県焼津市石津向町十の九　小野田京子
予約申し込み電話　054―623―5038
FAX　054―623―5547

五十周年を迎えて

女優　朝丘雪路

十五才で宝塚音楽学校に入学して、あっという間の五十年。入学して、すぐに初舞台を踏んで以来、「芸能界」などと、特別な意識もせずに、大好きなお芝居や、踊りをやってまいりました。ですから、「五十周年を迎えて」と、大上段に構えはしましたが、私はここで「何か特別な事を……」とは思わないのです。しいて言えば、「エー？　もう五十年？　何かしなくちゃ！」といったところでしょうか。

小さい頃から、父のもとを訪ねて見えられる、たくさんの演劇界、映画界の方々と、真近に接し、歌舞伎や能や寄席にも顔を出し、「女優」として、とても恵まれた環境の中で、私の半生は過ぎてきたように思います。

本当の事を言えば、この「女優」というものさえ、何となく、いつのまにか……という感じで、ずっと夢に描いて、お稽古に励んでいたわけでもないのです。

三才の頃から父に言われるまま、日本舞踊を習ったり、いろいろなお稽古に通っていた毎日は、とても楽しくて、独り苦労や努力に立ち向かって、舞台に立とうなど、思いもよらぬことでした。だいたい、そのころの私は「苦労」も「努力」も、あまり理解していなかったのですけれど……。

俗に言う、箱入り娘として、何の苦労もなく過ごしていた頃、父の友人達が、あまりの箱入りぶりに驚き、心配して、私を宝塚歌劇団に入学させることにしました。父も友人達の勧めとあって、泣く泣く私を入学させることにし、私は私で、訳も分からないまま入学。随分遠くに来てしまって、これからどんな生活になるのかさえ考える間もなく、とにかく毎日レッスンと勉強に明け暮れて、寂しさに浸っている余裕もないし、ホームシックでメソメソしているくらいなら、ゆっくり眠りたいと思ったほどでした。

一人では何もできなかった弱虫の私が、いきなり大海に独りぼっち。でもどうにか初舞台を迎えた時、その喜び以上に、舞台に立つ私を、父が本当に喜んでくれたことが嬉しくて、結局、宝塚には五年間お世話になりました。

宝塚時代

その後、映画の世界という、また違った環境に移ったり、歌手としてヒット曲にも恵まれました。女優としても数えきれないほどの作品に出演し、魅力に溢れた方々と共演してきましたが、私自身といえば、娘時代と同じ、相変わらず恵まれた環境で、のほほんと仕事をしておりました。

そんな私ですから、私以上に、まわりの皆様の方が、五十年もこの「芸能界」にいることに、驚かれているのかもしれませんね。

振り返って、今日までごく自然体で、川の流れの中央を笹舟のように漂い、生きてこられたように思います。

何かにぶつかったりしないよう、いつもだれかが川の真中に引き戻してくれました。宝塚時代も、遠くから父に見守られ、私はとにかくお稽古に励んでいられましたし、デビューしてからも、こういった世界にありがちな、あれやこれやの苦労など無縁でした。

ゆっくり笹舟に乗った私。

曽根崎心中

そんな私ですが、最近違う舟にも乗ってみたくなりました。

思い返せば、踊りも芝居も大好きでしたが、小さい頃から「歌」だけは苦手。

小学生の頃から、音楽の授業がある日は、学校へ行くのがイヤでイヤで、その日は仮病を使ってでもお休みしたい、と思うほど気重に感じられたものです。

とりわけ、自分のかすれ声が嫌いでしたし、人前で歌うなど、まして歌手になりたいなど、夢のなかでさえ、考えたことはありませんでした。

それなのに、入った学校が、宝塚「音楽」

雪路まつりのなかで

学校です。それも正真正銘のクラシックのお勉強。せめて、落第しないように一生懸命レッスンしていた時、当時、ジャズがブームとなっていたので、宝塚の舞台で、はじめてのジャズミュージカルを上演することになりました。新入生の私は、有無を言わさずオーディションを受ける事になり、気が付いた時には、主役をいただいておりました。

それからは、私の声がジャズに向いている、と言ってくださる方もいて、「ジャズ歌手」という肩書きもふえ、あちこちのステージに立つことになりました。

レコードも出しましたし、ブロードウェイでの出演のお話もあったりして、思っても見ない「歌手」という人生を歩き出しました。

世の中は、自分がこうしようと思う、反対の方に行ってしまう事もあるし、そうかと思うと、思いもかけない方向から順風が吹いてきたりで、ままにならないというか、人生は本当に面白いなあ、と思います。

実際の私は、今でも歌が苦手なんですから……。

父が守ってくれた笹舟も、途中からは夫と娘が加わって守ってくれています。

その夫も娘もいろいろ厳しくて、全く世間を知らない私を指導してくれます。これでも結婚した当時は、ちょっとは主婦らしくしようかと、考えたものですが、「女優・朝丘雪路と結婚したのだから、そのままでいい」という夫の言葉に支えられ、そのままきてしまいました。だから、ずっとのんびり、マイペース。

この笹舟も、まだまだ丈夫で壊れそうもないのですが、これから先、今まで通りゆっくり流れて行くには、時代の流れも早くなってきました。ですから、こんな私でも、ちょっとエンジンでも付けて、時には流れにも逆らって、見た事もないような景色も、捜しに出かけてみようかなと思い出しました。

五十年、本当に楽しかった。

健康にさえ気をつけていれば、今から想像もできないよ

創作舞踊「カルメン」

うなことに、出会えるかもしれません。
これからも、どんなことが起きるのか、本当に楽しみです。

朝丘雪路　プロフィール

本名：加藤雪会／女優、歌手、日本舞踊深水流家元、東京都築地生れ。父は日本画家、伊東深水。山脇女子学園中等部卒業後、昭和26年宝塚音楽学校入学。宝塚歌劇団在団中、ジャズ歌手としてデビュー。退団後、松竹映画専属女優となり、数々の映画に出演。その後フリーとなり、舞台、TVに出演。歌手としても「雨がやんだら」など数々のヒット曲を持つ。昭和60年日本舞踊深水流を創流、家元となる。夫の俳優／津川雅彦氏と娘の3人家族。

大《やま》和《と》心《ごころ》

カリフォルニア人間科学大学院（ＵＳＡ）客員教授　高橋　周七

世界の主流文明は、中国を中心とした東洋文明と、ヨーロッパを中心とした西洋文明に二大別されております。日本の文明は、中国文明から枝分かれしたものと言われていますが、決してそうではありません。

日本は確かに、古代から中国を教師として、漢字、仏教、儒教、律令制などの良いところを学んできました。しかし日本には、高度な中国文明と接する前に、古来より確立された独自の文明があったので、中国文明にのみこまれることなく、逆に中国文明を咀嚼してみごとに和風化し、より優れたものに発展させてきました。

日本独自の文明とは、豊かな太陽と温和な自然によって培われた、寛大で平和なものであります。

海の幸、山の幸に恵まれ、陸地では、作物を手塩にかけて育てるという、温和で勤勉な〝手の文化〟から生まれたものであります。

近代になりますと、手本を中国から西洋文明に切り替えて、夢中でこれを吸収して和風化近代化させ、追いつき追い越せと今日まで走り続けてきました。近代化にいたる過程でも、西洋植民地帝国主義時代にあって、極東の小国日本のみが、アジアの他の国に先がけて、大変困難な明治維新を成し遂げ、ひとり近代化を達成させました。そして日清・日露戦争を乗り越え、植民地にならずに済んだのみか、有色人種の誰もが、この西洋の植民地支配に抵抗出来なかったのに、これにストップをかけたのも日本でありました。

日本は第二次世界大戦で、自国を焦土と化して、愚かにも国を亡ぼしかけましたが、欧米の植民地からの解放の引き金を引いたのも日本でありました。

さらにその後、五十年でこの大戦の焼け跡よりみごとに立ち上がり、米国に次いで世界第二位の経済大国となり、平均寿命も世界第一位、科学技術も他の国の追従を許さないところまで進歩させてしまいました。

東洋の一小国、日本の文明が他の東洋文明と異なることは、こうしたことからも明らかであります。世界の文明地図の上でも、日本文明は、他の東洋とは区別されて、独自の文明として認識されています。日本文明はこのように異色の存在なのです。

日本列島は四季の変化に富み、豊かに変化する海岸線に恵まれ、日本の周囲だけでも、アメリカ合衆国と同じだけの国の周囲があるといわれております。日本の場合、これがすべて海に面しているわけですから、効率の良い国といえましょう。その上に、太平洋側は黒潮と呼ばれる暖流の影響を十分に受け、日本海側も対馬海流という暖流の枝分かれが流れ込むため気候が和らげられ、海岸性の気候の恩恵を受けているため、風土が良くなっているのです。

このような温暖な海流に接しているために、温和で湿潤な海洋性風土が培われ、種をまけば太陽と自然の恵みで実がみのる。太陽も山も森林も樹木も谷も川も野も海も〝自然は神の恵み〟と考え、自ずと感謝、順応、共生、調和の精神が育ち、ここから柔軟性と和を尊ぶ大和心が生じたのであります。大きく広く和を尊ぶ大和心を軸とする日本文明は、異民族の文明も柔軟に取捨選択して取り入れ、より優れた日本文明へと進化させてきました。

過去に仏教を取り入れたときにも、伝来の仏様は先祖の守り神、本来の神様は氏神様、といって自分たちの社会の守り神というような形にして、上手に使い分けているのです。生まれたときは宮参り、亡くなったときは南無阿弥陀仏で送る。このように使い分けが非常に上手いわけです。

医療にしても、中国から伝来した漢方を、江戸時代には和風化し、より優れたものにしたと言われております。

過去における国難の数々も、大和心を軸とする優れた日本文明でみごとに乗り越えて来たのであります。大和心に培われた日本文明を継承するための牽引車の役割を努めてきた皇室、それを支持してきた日本国民は、敬意を表されるべき存在だと私は考えております。

それでは、日本文明と対称的な西洋文明とはどのような文明であったのでしょうか。西洋文明の生みの親となった宗教とはどのようなもので、それが生まれた土地とはどんな環境だったのでしょうか。

それを知るには、ユダヤ教、キリスト教、イスラム教の元になった旧約聖書の出生の秘密を探らなければなりません。アブラハムとキリストやその弟子たちが活躍した聖書物語は、すべて狭い河岸のパレスチナの中で起こったものです。旧約聖書は、この地区内のユダヤ人の歴史であります。遊牧のユダヤ民族は、エジプトやメソポタミアの繁栄を、うらやみ、嫉妬しながら、河岸の不毛の土地でどん底の貧困な生活を送らなければならなかったのです。

人間は、生活が厳しい中でそのまま放置しておくと、動物なみの悪事を働くようになります。そのためこれを治めるには、厳しい宗教の戒律が必要となります。その宗教とは、貧困と、忍耐と禁欲、そして団結を要求する代わりに、神の名において、他民族の征服と搾取の機会を約束します。

ユダヤ民族の宗教を母体とするキリスト教も、家畜や野生動物を征服・搾取して生活の糧とする遊牧民族や、狩猟民族に適合する宗教であります。

パレスチナの過酷な風土では、自然と対決しながら民を治めるには、他を認めない、絶対に厳しい一神教の教えが求められたのです。パレスチナで起こったこの一神教を母体としているのが西洋文明です。

現在、地球上で絶え間なく起こっている争いの元は、一神教を主張する異神教仲間同志の宗教戦争であります。

21世紀に、この争いの終結のために仲介が出来るのは、柔軟で温和な和を尊ぶ大和心をベースとした、優れた日本文明をおいては存在しないと思っております。

この日本文明を支える大和心が、戦後の教育政策で今まさに危機にあるといえます。日本の敗戦とともに駐留した占領軍の最大の関心事は教育でした。日本文明がただものでないと察したマッカサー司令部は、まず、日本人の精神的支柱である神社の焼き払いを考えました。しかし、国のために生命を落とした英霊を祭っている神社は聖地であるからして、それは許されないと、彼の考えを諫めた人がいたということです。そこで代わりに出されたのが、政教分離や財閥解体や、日本人の魂を抜くための教育と核家族化論でした。

敗戦までの日本では、大和心を代々伝えていくために、多世代同居がごく当たり前に行われてきました。そして日本民族は、西洋宗教のような厳しい戒律がなくても、悪事を働かない品位の高い民族でありました。マッカサー司令部はその民族の魂、大和心を抜くためには教育を変えるしかないと考えたのです。

教育三代変えるとその国は鉄砲がなくても亡びると言われますが、司令部が押しつけた教育論は、子供は怒るな、長所を褒めろという教育法でした。日本は、子供の長所を伸ばそうという教育法にコロリと参りました。一見すれば正論のように思えますが、子供をしつけるということは、悪さをしたその場で怒らないと躾になりません。アメリカでも、建国の頃は、悪いことをすれば即叱っていましたが、子供の長所を褒める教育に変えた結果、現在では銃と麻薬の国と化してしまったというのが現実です。いまの日本も、それに近付きつつあるように思えます。

教育とは、人間、共同生活をする上で大切なこと――、他人に迷惑をかけない最低のルールを幼いときから教えて刷り込むことが必要です――。その後に感性と想像力が豊かな人間に育てることです。この刷り込みのところでは教える方が優位に立つことが大切です。教える方と教えられる方が同じでは刷り込みは進まないのです。生徒は先生の言うことを聞かなくなり、当然のこととして学級崩壊が起こるのです。教育の基本は、教える者が優位に立つことではないでしょうか。

もう一つ大変に憂うべきは、現在、教育の現場に持ち込まれている「ゆとりの教育論」であるが、学ぶ側に学科目を自由に選択させて、束縛されない自由で想像力が豊かなゆとりをもった人間を育てるという話ですがこのため、基礎科目までもが選択の対象となってしまい、最も大切な基礎知識を習得しないまま進級することになり、次の学科目がよく理解出来ないといった学力崩壊が大きな問題となっている。基礎がしっかりしていないのでは砂上の楼閣となってしまう。

資源に乏しい我が国は、技術力が頼りなのに、このことまでも骨抜きになりつつある。この現状を憂い、深い反省をもってすみやかに改善を図ることが急務である。

前述のごとく大和心を軸とした日本文明は古代より、中国文明も西洋文明も柔軟に取捨選択して、良きところを取り入れ、世界に類のない素晴らしいものへと進化させてきた。

この大和心が求心力を失って、現状のような存亡の危機に瀕している。

今こそ、我々は大和心に目覚め、伝統ある日本文明の真価をよく理解して、21世紀は大和心で一神教国間の文明の対立を仲良く導き、

研究室における筆者

お互いの文明の短所を改め長所を認め合って平和な地球を実現させるという自覚を持とうではないか。

高橋周七　プロフィール

1933年（昭和8年）8月14日生まれ
薬学博士
日本大学薬学部教授を定年退職後、
現在　中国・西北林学院大学名誉教授、カリフォルニア人間科学大学院客員教授
専門　生化学、宇宙生命科学
所属学会　日本薬学会、生化学学会、宇宙生物学会、宇宙航空環境医学会、
　和漢医薬学会
師弟関係　東京大学薬学部教授をされた三川湖先生に師事

最終学歴　日本大学理工学部薬学科卒業（1959年・昭和34年）

経　　歴　1959年（昭和34年）日本大学理工学部薬学科副手
1968年（昭和43年）同上　専任講師
1973年（昭和48年）東京大学薬学部に内地留学
1975年（昭和50年）東京大学薬学部にて薬学博士を授与
1981年（昭和56年）ブリティッシュコロンビア大学（UBC）に留学
1982年（昭和57年）日本大学薬学部教授
1993年（平成4年）同上　大学院教授
1997年（平成9年）西北林学院（中国・西安）にて名誉教授授与
1999年（平成11年）カリフォルニア人間科学大学院（USA）客員教授
現在に至る

一般向けの著書
『驚異の杜仲茶健康法』（広済堂出版、1993年）
『杜仲茶パワー健康法』（広済堂出版、1994年）
『老化のメカニズムと制御』（アイピーシー）
『コラーゲン食事革命』（主婦と生活社、1997年）
『コラーゲン料理健康法』（同文書院、1999年）
『ストレスに克つ健康食品』（現代書林、2000年）

日中友好運動を通して

国際養生文化協会理事長　飯田隆雄

一、桐生第一が日本第一に!!
最高のドラマ、ありがとう。

夏が来るたびに楽しみにしている最高のドラマに「熱闘甲子園」がある。

特に今回優勝した桐生第一高校のある桐生市は四年前まで私の暮らしていた街である。ここ数年人口減が続き、それまでは〝織物の街〟で知られていたが、近年、繊維産業の衰退化が進みどちらかと云うと街全体が沈滞ムードにつつまれていた。

そんなムードを吹き飛ばす勇気を与えてくれたのが今回の優勝である。

それは「やれば出来る」を身をもって私達に教えてくれた。

日本全国四〇九六校の内、県代表（四九校）になれただけで、どれ程多くの人が喜ぶことか。

甲子園出場決定は高校野球関係者だけの問題でなく、生徒会でも応援団を結成し、町や県をあげて支援、バス何十台も連ねて甲子園に行っても半分は初戦で帰らざるを得ない。

それを、六回の対戦を勝ち進み、試合・応援が続けられるのは二校のみである。敗退した選手以上に抱き合って号泣する応援団の生徒諸君を見た時、甲子園とは、学校を一つにし地域までも一つに結集させる不思議な力を持っているものだと痛感した。

毎日の試練に耐えている野球部員に、学校、父兄、地域までを含め暖かい声援を送っているのにどうして差が出てくるのだろうか。良い選手が集まり、良い監督が采配しても、それでも出る結果が違うのは何故だろうか。同じ不況業種の中でも、利益を出す会社と倒産する会社が出る様に、表面には出て来ない、リーダーの隠れた徳と云うか、大きな力が働いている様に思われてならない。

五万五千の大観衆がほとんど帰らず、桐生第一高と岡山理大付属高の真紅の大優勝旗を先頭に行進する姿を見ながら、この優勝の陰の功労者は一体誰だろうかと思った時、初代高橋博校長の事が走馬燈のように想い出された。その高橋校長だが、まだ元気だった頃、日中友好について話し合った事がある。

群馬県藤岡市の中国物産館社長坂本敬四郎氏から「日中友好の基礎は、両国民の中に根ざした信頼関係から始まると思うので、中国無錫市に桜友誼林を建設して、日本人の平和の心を桜の花に託して贈りたい。」と協力を依頼され、その熱意溢れる言葉に感動し「やりましょう」と思わず手を握ってしまった。

私は、その気になると熱中する方で、友人知人の間を夢中で歩き廻り、一九八九年一月末現在、第一回集計で私の集めた寄付合計が二三〇万円を超え自分でも驚いた。

その時、最大の協力を惜しまなかったのが高橋博校長である。

「無錫市に桜友誼林を建設する件でお伺いしたい。」との申し入れに対し、広い応接間に通してくれ丁重に応対してくれた。その時の事は今でも忘れられない。

「日本が中国に対して、してしまったこと、また、中国から受けた恩を考えると、日本人は中国に対していくら感謝してもし過ぎることはありません。」

「日中友好を心から願っている日本人の心を、桜に託して贈る運動を中国の皆さんが理解してくれるといいですね。」

決して言葉は多くないが心の底から話される言葉は教育者としての見識が滲んでいた。また、こうも話された。

「寄付は、する人より集める人の方が大変です。良い運動だから学校としても出来る限りの協力は致します。飯田さんも多忙でしょうが出来る限り協力してあげて下さい。」

さすが高校野球で寄付については苦労しているだけあって、理解度が違うと感心した。多少のひけめを抱きながらのお願いに対し思わぬ激励をされ、感動を覚えながら校門を後にした。

さらに驚き感激したのは、数日後高橋校長から電話があり、再度桐生一高を訪問した時である。

「教授会と生徒会に話しましたら良く理解してくれ、少しですが全員で協力してくれました。」

と渡された袋の中に、桐生第一高等学校、橋本健一教頭以下一一〇名、生徒会長以下二、一二六名、合計一一万七、四〇〇円入っていたことである。職員一〇〇〇円、生徒五〇円、全員の協力が得られた結果である。

高橋校長が朝礼で日中友好の話をされたと聞く。「良い事はみんなで協力してやる」と話されてもそれを本当にやってくれる人は少ない。スタンドで熱心に応援している生徒を見た時、もしかしたらこの原点は高橋博初代校長にあったのではないかと思えてならない。

現に、寄付というものは、本人はそれなりの金額を出しても、自分以外の分まで実際に集めてくれる人はほとんどいない。

「良い事は協力する、云ったことはやる。」

今回優勝した桐生一高の隠れた功労者は初代校長のこの心であり、その訓育を受けた御子息と奥様がりっぱにこの校風を受継いでいる賜物であろう。

大差で勝ち得た優勝行進を今は亡き高橋校長にぜひ見せて上げたい。そう思ったら涙があふれ出て止まらなかった。頑張った選手諸君はもちろん。六回もの対戦に声の続く限り応援した生徒諸君も、大変貴重な体験をされたと思う。

人間は多くの人に期待され、多くの人から心からなる声援を送られた時、普通では考えられぬ力が発揮されることを甲子園は教えてくれた。一糸乱れぬ桐生第一の校風が生み出した勝利は、夏が来るたびに永遠に語り続けられるであろうと同時に、春が来るたびに君達の先輩が贈った日中友好を願う善意の桜が、中国の各地で毎年忘れずに開花している事も憶えておいて欲しい。

二、無錫市に桜友誼林建設

いかに善意の申し出と云っても相手が外国である日本故、植樹場所の問題、誰が管理するか等色々な問題があったが、協議の結果、無錫市鹿頂山、大湖の辺に第一回植樹千本が決定した。一九八九年第二回目は梅園の向い側に五百本、九〇年第三回、大運河畔に千本植樹し、無錫旅情で有名な無錫市の友誼林建設は大成功の内に完成式典を迎えることが出来た。

その後中国各都市から友誼林に対し植樹の希望が多く、毎年四月頃無錫市の桜見物を兼ねた訪中団はすでに十二回、六千名をはるかに越える人達が各地から参加している。その経緯については最後に綴ることにする

こうして1988年に始まった桜友誼林植樹運動の中でさまざまなエピソードが生まれた。そのひとつ、群馬県笠懸町のあるご婦人はこの運動を通じて、現地、無錫の方と個人的な交流が始まり、お互いの家族がそれぞれ訪問しあい、家族ぐるみのお付き合いに発展している。

また、中国から日本に留学したいという生徒を、保証人として受け入れている人が何人も生まれている。これこそが桜を縁に結ばれた、生きた日中交流の一つの姿ではないだろうか。

三、人民大会堂のソーラン節

第二回の訪中団は四百数十名で、日本の国会に当る〝人民大会堂〟に着いた時、せっかく中国まで参加してくれた四百名以上の人達に出来る限り良い想い出を残してあげたいと考え、楽しみにしている人民大会堂での中国要人をまじえた宴会を盛り上げる為に、中国側の役員にカラオケを用意する様お願いしておいた。会場に着いて驚いたのは、カラオケの替わりに用意してあったのは、軍隊の六十名編成の楽団であった。

各会場で総合司会をした関係で、この時ばかりは一生一代の晴舞台とばかり張り切った。中国のプロ歌手が何曲か唄い「今度は日本の番」とマイクが回された。

六十名のオーケストラをバックに人民大会堂で唄えることは日本人として二度とないチャンスと思い、渡された日本の曲名十二曲を読みあげ「歌う人……」と呼びかけたが、中国人とあわせて千名以上の中から誰も返事がない。どうしよう。このままではシラケてしまう。何回か呼び掛けたが、中国側の唄があまり素晴らしかったので、日本側で出る勇気を失ってしまったのかも知れない。自分で頼んだ手前、誰か一人位唄って貰わねば申し訳ない。ふと一つの中国語を思い出した。「没法子」（仕方がない、よしやり直しだ）。

私がソーラン節を歌うことにした。

誰が受けてくれるかと待ちわびていた千名の目が舞台に注がれた。私が、「誰も出ない様ですので、私がソーラン節を唄わせて頂きます」と自己紹介すると、ワッと会場が湧いた。死ぬほどの恥ずかしさを我慢してどうやら唄い終り、ヤンヤの喝采にほっとして舞台を下りた。すかさず、中国

独唱する筆者

外事弁の役員さんが近づいて来た。実に上手な日本語で「この人民大会堂で、中国軍の音楽隊をバックに千人のお客さんを前にしてソーラン節を唄ったのは飯田さん唯一人です。今後もこの記録は破られませんよ！」と握手してくれた。

褒められたのか、度胸の良さにあきれたのか、微妙な握手だったが、時を逃さず自分の感想を率直に伝え称賛してくれる中国人に学ぶことが多かった。

四、中国のコーヒー

第三回訪中団は千二百名からの参加者があり、成田で結団式の挨拶をしたり、人員の点呼だけでも役員は大汗の連続だった。

各地から集った団員は初対面の人が多く、中国側もこれだけの友好訪中団を一度に迎えるのはめったにないとの事で、バスを用意するのも大変、二十名乗り位の小さなマイクロバスまで用意し、全部で三十九号車まであった。万里の長城見学の帰りなどは通勤時間と重なったのか自転車の数が多く、中国友好会会長の孫平化先生が同行してくれた為か、白バイ先頭にノンストップで走るので、普通よりはスピードは出ているはずなのだが、三十九号車に乗っていた私達全員が驚いたのは、交差する道で、三九台全部が通過するまで人も自転車も待ってくれたのであるが、我々が通過してしまうまで、その人達はまるで先が見えない程だった。

一体何十分待たされたのだろうか。他の車は渋滞しているのに、友誼林の車だけはノンストップで最初は気分が良かったが、次第に交差点で待たされている人の数に圧倒され、気の毒になってしまった。

第四回訪中団は、第三回の半分以下の人員だったのでリーダーも楽な気持で行動出来た。帰国を明日に控え買物もすべて終ったが、気になっていた事が一つあった。

杭州を観光中、四十名近い飯田班の女性グループの一人から、「団長さん、中国のコーヒーを飲んでみたいので御案内いただけますか」と頼まれた。

さっそくガイドさんに相談したが、適当な所が見つからないまま時が過ぎてしまった。

海外での体験談は、帰国後の話題にしても喜んで聞いて貰える。

ということで中国のコーヒーは、どんなお店で、どんなカップで、値段はいくら、どんな雰囲気の店か、等、私にとっても興味ある問題だ。ヤム茶ならどこにもあるが、コーヒーとなるとそうはいくまい。一度捜してみよう。

夜食までの自由時間中にと思い、部屋が決ると荷物を置き、身軽になって外出した。

『一人での外出は充分注意するように』とは自分で団員に語った言葉だが、今夜しかないと云う使命感に似た気持が私に勇気を与えてくれた。そしてそれらしい店はホテルからそう遠くない所にあった。

洋風造りの、窓の多い店で八角形の様な店だ。回りはスナック的喫茶店、中の方はカラオケ完備のキャバレーの様で、夜はかなりの賑わいを感じさせる雰囲気だ。思わずふり向きたくなる程の背のスラッとした若いチャイナ服の小姐が中国の青年と何やら語り合っている姿が見える。私は中の様子がよく見えそうな席をみつけて腰を下ろすと、普通の制服を着た小姐が注文を聞きに来た。

メニューにはコーヒーらしきものは書いてなかったが、あえて私は日本語でコーヒーと云ってみた。

若い娘はニッコリ笑いながら頷いてくれたので、多分通じたと思い安心してコーヒーを待った。

黒くて肉厚の大きめのカップは実に重かった。豆は多分ブラジル産だろう。コーヒーの味は日本とあまり変わらなかった。ただ砂糖の他に白い紙包みがあったので、それも入れてみたら、砂糖とはまったく違った甘さであった。多分砂糖の百倍と云われている羅漢果の包みであろう。

楽しそうに社交ダンスを踊る二、三組の若いカップルを窓越しに見ながら楽しい雰囲気の中で一杯のコーヒーを飲み終え、

「ここに案内しよう。」と思いながら席を立った。

伝票もないので席を指先してハウマッチと聞いた。

制服の小柄な娘さんは日本語で「千円」と云った。…………「千円！」私は思わず聞き返した。小姐は「千円」と又同じ事を云った。

そんな馬鹿な、日本でもホテルでは千円するところもあるが、普通は一八〇円ぐらいで飲めるコーヒー一杯が「千円」とは考えられない。

レジの横に置いてあったメニュー表を指先して「千円？」と、どこにも書いてないじゃないかとの思いをこめてつい語気を強めてしまった。

前にも何回かそうしたやり取りがあったとみえて娘さんは黙って私が座った席の方に歩き出した。私も黙って後について行った。テーブルの隅にボール紙に三角に貼った小さなお知らせが置いてあり、その右上に万年筆の日本字でコーヒー一杯「千円」と書いてあっ

た。奥の部屋でダンスを踊っている若いカップルに気を取られ、机の上に置いてあったものに何でもっと気を使わなかったのだろう。

私の負けである。小姐と云い争っても始らない。私は黙って千円払って店を出た。

貨幣価値からいって中国での千円は日本で一万円位の買物が出来る事を考えると、ホテルまで歩いている内にだんだん腹が立って来た。

あんな店を放置しておくと、日本の観光客がいいカモにされてしまう。観光客誘致に努力している中国政府にとっても為にならない。

何としても忠告して貰うべきである。眠っていた正義感が俄然目覚めた。ホテルに着くなり、外事弁の担当職員を見つけてこの店の話を伝えた。中国の為にならないから、至急善処するように！　とも付け加えた。

その役人は微笑を浮かべながら「飯田さん、それはダメです」と云った。私はムッ！としてその訳を聞こうとしたら、彼はすかさず「あの店の経営者は日本人です」と云った。

ガツンとハンマーで頭を殴られた様な衝撃を受けた。ああ何たることよ！

泥棒を捕まえてみれば吾子なり、と云う言葉があるが、自分の変な正義感でこんな恥かしい思いをしたのは初めてである。表面に表れた現象だけを見てそれを評価することがいかに危険な事か、実に良い体験をさせて貰ったと今はその事に感謝している。

私はここで中国のコーヒーの現状を話している訳ではない。これは唯一ケ所での出来事であろう。しかしこの一件によって私は様々な事を教えられた。

日本の企業運営に関して中国政府はなんら関与しない。日本企業の努力によって発展して欲しい、これが一般的な中国政府のスタンスである。だが残念なことに、中国進出した企業の九割が苦戦し撤退した会社も多い。これは私が机の上の表示を読まなかったのと同じ、簡単なミスによるものが多いようである。中国に対し文句を云う前に、先ず自分のいたらなさを反省すべきではないだろうか。

五、中国のカラオケ

昨年八月、吉林省長春市にオープンした中日友好会館開館に招待された。日本政府側は後藤田正晴先生、友好都市として、福岡、仙台、新潟、神戸、大津市等の議員、産業界代表の皆さんと共に、一五〇億円の予算で完成した八百名収容の友好会館はさながら高級ホテルそのものであった。祝賀会は盛大であったが、テレビでは大水害を連日放映していた。この際だから、大連の水害地の視察をしたいとお願いしてみた。

群馬県代表として参加した長谷川浩士、得能昭治夫婦、私の四名を吉林省の車で送ってくれることになった。東京から名古屋以上の距離を、長春市人民政府外事弁公室副処長、段華旭氏が同行してくれた。何ケ所か視察した後、ホテルに着いたが「帰りの時間がなくなる」とお茶も飲まずに長春に帰って行った。

夜食後、中国最後の夜だから中国のカラオケに行ってみようと云うことになり、女性の通訳と得能夫婦、私の四名でホテルの地下にあるカラオケに案内してもらうことになった。

ここでコーヒー事件の事を思い出して、ホテルの中の店だから安心とは思ったが、念の為に今晩の予算は三百元（四五〇〇円位）でお願いしたいと通訳に頼んでおいた。

たしかに日本の歌はかなり用意してあったが、歌詞がすべて中国語なので唄いづらい。チャイナドレスの似合う係の小姐に一曲唄って欲しいと頼んだが、フルーツの皿を置いたまま笑顔を残してすぐに去って行ってしまった。通訳の女性はカラオケが好きで四、五曲聞かせてくれた。唄える曲のないカラオケ位つまらないものはない。一時間を回った頃、伝票の計算を頼んだ。驚いたことに二千元以上の請求だ。三百元で頼んだはずだと云ったら、かん高い声で女性マネージャーが何やらまくし立てた。

「貴女の責任だよ」と云って通訳に三百元を渡して外へ出た。翌朝、昨夜の件を聞いたら、「話はつきました」と通訳の言葉は少なかった。

日本人は、通訳する人は現地の人であってもすべて自分達の味方と考え勝ちだが、人によっては店とグルになってバックマージンを貰っている場合もあるので、行く前に今日の予算を決めておくことが気持良く中国旅行をする一つのポイントである。一杯のコーヒーの体験を生かさなければ、さらにつまらぬカラオケになっていたことだろう。

六、桜友誼林、訪中国の経過

第一回訪中団は一九八八年三月、無錫市にて竣工式典が盛大に開催され、同時に第一期工事完成を祝って、式典には四二〇余名の皆さんが参加した。

第二回、八九年（平成元年）四月、四百余名参加、北京、南京無錫、上海を訪れ、無錫市にて第二期桜友誼林竣工式典参加、盛大な歓迎を受ける。

第三回、九〇年四月、千二百余名の大訪中団にて、無錫市第三期友誼林建設完成式典参加、盛大な歓迎を受ける。当日は孫平化先生と直接お話出来た事も忘れられない想い出です。

第四回、九一年五月、五一〇余名の訪中団にて、無錫、杭州、上海を訪れ記念植樹、無錫市では友誼林完成一周年記念式典に参加。

第五回、九二年四月、一、一四〇余名の訪中団にて、桜友誼林完成二周年、国交回復二〇周年祝賀大訪中団、北京、無錫、宜興、南京、上海、八泊九日組、九泊十日組に分かれる。

第六回、九三年四月、八百名にて上海、南京、蘇州、無錫、華西村を訪れ、（上海動物園）

（蘇州寒山寺）（無錫市内学校）（呉文化公園歴史資料館）（中国を代表する第一の農村、華西村に桜の植樹、平和友好訪中団、桜友誼林訪中団の平和ロード建設が始まる。訪れるそれぞれの都市にて盛大な歓迎を受ける。

第七回、九四年四月、四七〇名にて上海、西安、無錫を訪れ、陝西省人民政府の盛大な歓迎を受け、西安秦始皇帝兵馬俑博物館前に無錫よりつながる桜友誼林平和ロード、西安到達記念桜の植樹が行われると共に、無錫市にては桜友誼林完成四周年式典が唐城公園にて盛大に取り行われ、桜の記念植樹、上海市においても人民政府主催による盛大なレセプションで参加者も大感激する。

第八回、九五年四月、一五〇名にて北京、洛陽、無錫、上海を訪れ、世界遺産洛陽龍門石窟に桜の記念植樹、上海復旦大学に桜の記念植樹。

第一〇回、九七年四月、二百余名にて上海、蘇州、無錫、大連、旅順、北京に訪れ、大連市労働公園にて記念植樹。

第十一回、九八年四月（平成十年）一三〇余名にて桂林、広州、無錫を訪れ、桂林、広州にて記念植樹。

第十二回、九九年五月（平成十一年）定員一二〇名乗りチャーター機にて募集、煙台、

飯田隆雄　　66

青島、孔子の里曲阜、済南、無錫。

以上、簡略な報告ですが、人によっては「飯田さん、なぜそんなに中国に熱中するのですか」と質問する人があります。そんな時、私はいつも、「中国が好きだからです」と答えています。中国、韓国とも一時は悲しむべき時代もありましたが、この三国が信頼し合って手を結び、ヨーロッパのように三国共通の通貨の発行が出来る時代が来たとき、真のアジアの平和と、世界のリーダーの地位が築かれると私は信じております。

第十三回の訪中もすでに企画されております。御賛同頂ける方、御一報下されば資料をお送り致します。

プロフィール

昭和十二年、桐生市生まれ、
四二才の時、市議会議員に推され当選三期十二年務める。ある時支持者から民事相談を受け法律問題における自分の無知を知る。高崎市に群馬法律専門学校（中央大学法学部分校）の授業が六時からあることを知り、一念発起して受験勉強を始める。浪人も含め受験者二百名位、定数一二〇名と聞き、九九％入学は無理と思ったが一％の希望に賭け運よく入学できた。

しかし市議生活も二期目に入ると夜の宴会も多くなり、四年生になる進学試験が出席日数不足で受けられない事を知り通学を断念する。

議員の任期中最大の事件は、厚生病院改築問題で市長案反対の市民運動を展開、わずか二ヶ月位で三万八千名以上の署名を集める。

この尊い市民の意志が無視された日、議場で市長席まで飛んで行き市長の胸ぐらを掴んだが、同派「市民クラブ（四名）」の大西議員が後ろで私を羽交い締めに止めてくれので危うく〝殿中松の廊下〟

にはならなかった。傍聴席にいた百名以上の市民も騒然としたが、その時の市長案実施が影響して現在も駐車場が不足して近くの土地をかなりのスペース借りているようである。一万二千坪の現在地より、商業高校裏の陸上競技場（約二万坪）に移転できなかったことが残念でならない。

何でもそうだが安易な決定は禍根を残す。地方行政のみならず、善意の第三者まで巻き込んでしまう政治の恐さを、バブル崩壊で何百万人という人が辛酸な体験として味わっている。こうした問題は機会があれば稿を改めて触れてみたい。平成七年八月、通信会社設立の為東京へ移転、バブルで掘った穴にめげず再起を信じ、現在もファイトを燃やし続けている。

(株) コンサルティング・アイビス会長
(株) アイビス会長
(株) アセンション、代表取締役社長
住所　〒一〇三―〇〇一五　東京都中央区日本橋箱崎四四ノ五ノB―一〇六号

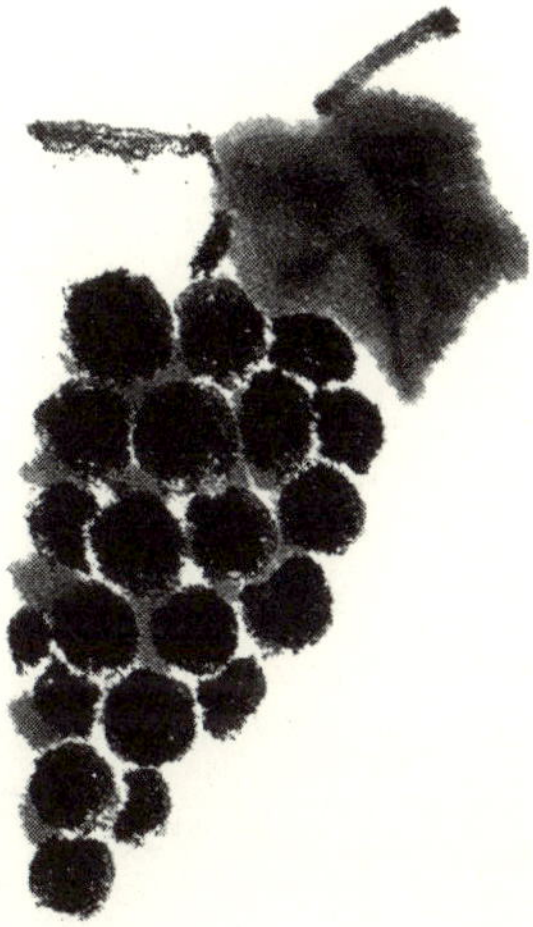

私の10ページ自叙伝

女優　浜　木綿子《ゆうこ》

私、未熟児で産声を上げました。東京、目黒で昭和十年に。小さな体で、大きな鳴き声、お乳を吸う力も人一倍強く、保育器に入らずにすんだようです。でも二歳位までは、背中から降ろすと不安なのか「わぁ、わぁ」と泣き、母を困らせたと聞いています。意外と気の小さい臆病者だったのでしょうか。

初代大阪市長の甥で歌舞音曲全てに通じていた風雅な父と、医者の娘として厳格に育てられた母は、偶然長唄のお稽古で一緒になり恋愛結婚し、そして姉と私、妹の三姉妹が誕生しました。あのころは戦争の色濃い時代でしたが、おんば日傘で大切に育てられ、自転車も危ないからと言って買ってもらえず、そのため未だに乗れないままです。ですからテ

幼少時の私　父（故人）　姉（故人）　母

ピクニック——幼稚園に入る前

幼稚園（右奥の内裏雛が私）で

銀ブラが大へん好きで……　小学校一年の頃
父（故人）　姉（故人）　私　母照子

レビで自転車に乗るシーンなどは、リヤカーに自転車を乗せ引っ張ってもらうのです。一寸不思議な光景です。でも、家事手伝いは毎日点数（出来具合）をつけられ、ことこまかに教えられました。母は家庭と父ひとすじに生き、三人の子供たちを、自分が育てられたと同じように厳しく、きちっとしつけようとしていたのだと思います。

　でも私は、家にいるより外へ出かけるのが大好きで、いつも男の子達とばかり遊び、お祭りの日などは法被《はっぴ》を着て踊ったり唄ったり、キャンディ屋さんで「ハイ、いらっしゃい、いらっしゃい」と大声で男の子達と呼び込みをして、キャンディを売りつくしてしまうような威勢のいい子供でした。また、自他ともに認める目立ちたがりやのちゃっかりやで、幼稚園の雛祭りではお雛様の役をもらい、ひな壇の一番上にお澄ましをして座ったり、ほんの少しの怪我をして（しなくても）も、おおげさに包帯を巻き、目が一寸痛いだけでも大きな眼帯をして周囲の大人たちの気を引こうとするような女の子でした。小さい時の写真はいつも怪我だらけです。

　友達が、変わった下駄を幼稚園に履いてきたことがあ

私　　　姉（米子　故人）

目立つようにと眼帯をかけて……
ちょっとチャメッケが……

りました。その下駄を気にいってしまった私は家へ履いて帰り、「まだ新しかった下駄なのに、前のはどうしたの？」と母に尋ねられても、澄ました顔で「配給でもらったの」とごまかしていました。でも友達のお母さんが「ウチの子の下駄とお間違えですよ」と取り替えにみえてバレてしまい、母にひどく叱られてしまいました。冷蔵庫の裏に隠れて泣いたのを思い出します。そのころは自分の好きなものは好き、不可能はないぐらいに思っていたのでしょう。変な子。

人から好かれようという意識が強く、みんなを笑わせたり注目を集めるにはどうすればいいかをいつも考えていましたけれど、ある時学校の体育の先生（男のような女性）に好かれたときは本当に困りました。その先生に呼ばれて仕方なく校庭の隅に行くと、私の手のひらにタヌキの置き物を二つ乗せて下さるのです。よく見ると裸のタヌキ、男の子と女の子とひとつずつ……。子供心に嫌らしく感じて投げ捨てて帰って来ました。

それからは髪の毛の短い男性っぽい女の人に出会うのが恐かったです。でも、なぜか女性から好かれることが度々ありました。私にスキがあったのか、あっさりして男っぽいところがあったのでしょうか。しかしその後、宝塚に入団してからは男役の春日野八千代さん、明石照子さんに憧れ、「男性よりずっとずっと清潔感があって素敵」なんて思うようになっていました。人間の心っていろいろと変化していくのですね。

　学校から帰ったあと、何も言わずに出かけて行き、夜の十一時まで帰って来ないこともありました。歌を唄うのが大好きで母も知らないうちに「音羽ゆりかご会」という児童合唱団に入り、慶応や早稲田の学生さんと一緒に慰問に行って唄っていたのです。小学一年生の子供が一人で夜遅く帰ってくるなどと、今の世の中では考えられない

右は姉（故人）左が私

七・五・三時　母と一緒

ようなことをしたものです。

　自分から好んで家を空けていたのに、そのため母とのコミュニケーションが少なかったせいでしょうか、一～二年ぐらい私は継子だと思っていました。

　二つ違いの姉は美人の誉れが高く、私はブスだと思っていましたので、ひがんでいたことも原因のひとつかもしれません。その話を八九歳の母にしますと、「まあ、そんなこと考えたことないわ。みんな愛情は同じでしたよ」と笑いますが。今考えますと自分を目立たせようとしたのも母の目を引きたかったのかと思います。自分で勝手にドラマを作っていたのかもしれませんね。

　姉とはいつもおそろいの着物で習い事も同じ、ピアノのお稽古をさぼるのも一緒という程仲が良く、宝塚時代も良き理解者で、私のことは何

父（故人）と母

でも知っている生き字引のような存在でした。

「私は忘れんぼうだからお姉さんが覚えていてね」と言って頼りにしていたのに、姉が四八歳の若さで亡くなったときは、本当に半身がもぎとられたような辛さと悲しさでしばらく立ち直れませんでした。

木の葉が一枚ずつ落ちるようにとりとめなく昔のことを思い出してみると、やはり私が芸能界で生きて来た背景には、両親を始めとする家族の存在が欠かせません。

邦楽・洋楽ともに弾けない楽器はないほど芸事が好きだった父からは芸能の下地を、現在も矍鑠《かくしゃく》としている母からは、背筋を伸ばして生きることを教わりました。そして仕事で留守がちな私に代わり、息子の照之を母と一緒に育て上げ、今も私を支え続けてくれている妹。私自身は自由奔放に生きてきて、息子の照之にも自分の道は自分で決めるようにと学校も仕事も押しつけたことはありません。しかし、自分で選んだ道を行く息子にも、私達姉妹と同じように厳しく育ててくれた母の血が、私よりも濃く受け継いで流れているように感じるのです。

血は水よりも濃いと言いますが、家族とはなんて不思議なものかと改めて思いました。

父は数年前に亡くなりましたので、今は母に一生懸命親孝行しようと思いながら生きています。子供の頃困らせたせめてもの恩返しに……。

最近まで私は自分のことを器用だと思っていましたが、先日火曜サスペンス「監察医・室生亜季子」のスタッフと食事をした際、浜田警部役の左とん平さんに「浜ちゃんはブキッチョだよねえ、ボクもなんだ」と言われました。確かに器用なわりにはずいぶん努力して必死でやっているなあ、もしかして私ってブキッチョ？　と嬉しくなりました。私は

筆者近影

ブキッチョというのは嫌いではありません。新しく見つけた自分がどんな顔を見せてくれるのか、楽しみにしながらブキッチョな自分とつき合っていこうと思っています。一日一日を大切にして。

浜　木綿子プロフィール

昭和10年東京生まれ。本名―香川阿都子。
28年宝塚歌劇団入団。36年に退団後、舞台・テレビ等で幅広く活躍中。
二時間スペシャルドラマ主演　現在137本目。
シリーズ作品「監察医・室生亜季子27」「おふくろ16」「駆け込み尼寺探偵局7」
芸術祭奨励賞　ゴールデンアロー賞　菊田一夫演劇大賞、橋田賞等受賞。
平成12年2月帝劇「人生は、ガタゴト列車に乗って」
5月御園座「ねぶたの女」
9月帝劇「売らいでか！」の舞台公演が決っている。

わが闘病の夏に

作家　上野霄里

五月の末日、朝日が庭に燦々と輝いていた。私はちょうど五時から、机の前に正座して原稿に向かっていた。その日は学校のある日で、既に黄色のシャツにはネクタイも付けていた。原稿用紙に用いている広告の裏に言葉は流れるように進んでいた。一時間が過ぎ、二時間が過ぎようとしていた。壁掛けの時計が七時のチャイムを鳴らそうとしていた時、手にしていたペンが倒れ、強烈な痛みが背中の上方から首筋に走った。それは、痛みというよりは、硬い棒で、思い切り叩かれたような激しい痛みであった。一瞬、死ぬとはこのことなのかと実感した。ただならぬ痛みの中で、徐々に倒れていく体は、どうにも、自分の思いで動かせるものではなかった。たまたま傍らにいた妻は、私のネクタイをほどきシャツのボタンを外した。友人である磐井病院の院長に電話をすると、彼は妻の言葉を聴くなり一言「解離性大動脈瘤」と言った。一刻を争うので即、救急車で運ぶようにという指示を受け、病院に運ばれた時、若い医者からも同じ診断が下された。手術以外に治る道はないというが動脈瘤の場所が悪かった。心臓から出ている大動脈、それから脳に繋がる大切な三本の太い血管のすぐ下が解離していたのだ。「私なら手術はしませんね」と私の枕許で院長。「今までの症例によればこんな時、手術室に入っても、二十分もすれば出て来ます。亡くなって……。」私はその時、既に言われるまでもなく己の死を覚悟していた。早朝の背中の痛みから、私は自分の運命をハッキリと知っていたのだ。

東京や、北海道から、父危篤の報に駆けつけてくれた三人の息子達と彼等の嫁達、そして孫娘。私はハッキリと妻をも含めて彼等に別れの言葉を述べた。息子達の目には、涙が光っていた。読者のN先生やS先生達、事業家のM氏達の目も潤んでいた。

手術をハッキリと断り、何時破裂してもおかしくないという状態のまま、若い医師達の必死の治療で過した数日の間に行なわれたMRIやCTの検査の結果、私の解離性大動脈瘤という、死を宣告された病気が、僅かながら回復に向かっていることが分かった。循環器の若い医師が、これはとても考えられないことだと言った、いわば、奇跡に近いことが起ったのである。私の妻の父もこれと全く同じ病で、昭和十四年に他界している。この事を意識していたせいか、私自身も、妻も、一様に、死は免れぬものと覚悟していた。そこにこの回復の兆候が見られたのである。妻も息子達も大いに喜んでくれた。明日をも知れぬ生命からの生還である。距離的には別として、死ぬと思われていた者の回復は、月からの帰還に勝って、劇的であり、感動的という他はあるまい。私に見せた家族のこの時の目の輝きは、喜びと言ったものを超えて、宗教的でさえあった。

息子達は交替で私の看護をしてくれた。特に、末息子の嫁の朋恵は、幾夜も、付きっきりでこの重い病気と、薬と、突然の環境の変化から来る幻覚の中で、夜になると暴れる私の看護を幼子をあやすように良くしてくれた。毎夜私は全く別の世界に居た。戦争前の幼い日にも居たし、見も知らぬ町の公園にうずくまっても居た。群集の前で声を嗄らして演説をしている夜もあった。そんな時の私は恐らく、何事かを大声で、流れるように口走っていたと思われる。やがて少しずつ、幻覚は消滅していった。私を見舞ってくれた東京の出版人や編集人達は、私の話す夜の体験に就いて言ってくれた。「カフカ現象を見たのですね」。確かに私ははっきりと、どろどろとした空気が、訪ねてくれた人の肩から、背中から、左から右から流体力学の教科書のイラストのように動いていくのを見た。目の前に立っている次男のすぐ後ろに壁があるのを目撃し、それを確かめる為にゆっくりと手を伸ばしてみると、壁ははるか先の方で手が届くものではなかった。不思議にして、得難い数週間の体験のあと（後から聞けばその間随分と危険な時があったそうだが）、少しずつ私の病状は好転していった。妻は私の傍らで口述筆記に余念がなかった。様々な友人の励ましの言葉に応えて、次から次へと言葉が飛び出して来た。妻に休むことさえ与えぬ程に、私は天井に向かって目を閉じたまま口述した。それは私にとっては何の疲れも感じぬものであった。それに比べ、妻の疲れは……。

この春から長男は、新しい二人の先生と、かつて西村伊作先生が自分の可愛い娘を入学させる為、敢えて手造りで興した文化学院の教壇に立つことになった。

一人は、長い間寅さんシリーズの監督をしていた山田洋次氏であり、もう一人は米国の大学で教えていた英文学者であった。しかし、人生とは実に儚く、明日の命の分からぬもの、間もなく米国の先生は私と同じ大動脈瘤で急逝されたという。ある人は、死ぬものと思われていながら回復して余命を貰い、些かも死ぬまいと誰もが考えていた人が急死してしまうのも、この世なのである。

長男からきた手紙や作品を読みながら、N先生に次の手紙を書いた。

「七月二十五日、日曜日の朝です。夏の爽やかさの中で青空が、僅かな雲間に広がっています。

私はこれまでになく爽やかな目覚めをし、朝食の後でこの様にラジオで音楽を聴きながら便りを書いていています。モーツァルト十六、七、八才の頃の作品といわれている一連のディヴェロプメントという作品の一つ、二つを聴いています。解説者の説明をきいていると、今聴いているこの二曲の作品は〝伝モーツァルト作〟だそうです。つまりモーツァルトの死後発見されたもので、今ではチェコの別の音楽家の手になるものだといわれているそうです。二番目の息子と嫁が、北海道から今度の病気の際に持ってきてくれた芳香の一つ、菩提樹とハッカの抽出油を漂わせてあるこの病室には、モーツァルト風の音楽がよく似合います。私の身体も日一日と健康を取り戻し、今朝などは、昨日までと比較して、フラフラすることも少なくなり、これから暑くなる前のしばらくの間ベットに横になりながら、妻の口述筆記でこの手紙を書いています。菩提樹の香りは、これから少しずつ夏の陽射しが差し始めるであろうこの南窓の方から、北の廊下の方に流れています。

私が今手にしている大きなパンフレットは一九九九年文化学院が出した学校誌です。今年の四月から長男の勤め始めた学校なのですが、一九二一年創立者、西村伊作は、この校誌の巻頭言の中で、次のように書いています。

『自分の娘、息子のよう、みんなの為に祈る。どうかこの人の人生が、良いものとなるように、偉くならなくとも、生まれた甲斐のある良い人に、静かな心、自分を正しく、歪められずに、真直ぐにいくようにと。途中で去った人にも、今何処かで私の蒔いた種の芽が生え、この学院が、一生心に残るだろう。私は祈る、天の恵みが、みんなの上にあるように。』

私はこのような文化社会によって汚されず、戦争が起これば校長以下が処罰され、校長の西村は刑務所に入り、学校は軍の宿舎として使われましたが、それに対して些かも、己の心の本当の思いに付いて恥じることなく、戦争が終わるまで頑張る教師達によって教えられている、この学校の在り方に感動しました。初代の学監になった与謝野晶子は書いています。

『私達の学校の教育目的は、画一的に他から強要される事なしに個人個人の能力を、本人の長所と希望に従って、個別的に、自ら自由に発揮せしめるところにあります。これまでの教育は、功利主義に偏していましたが、私達は、功利生活以上の標準によって教育したいと思います。即ち貨幣や職業の奴隷とならずに、自己が自己の主人となり、自己に適した活動によって、少しでも新しい文化生活を人類の間に創造し寄与することの忍苦と享楽とに生きる人間を造りたいと思います。言い換えれば、完全な個人を作ることが唯一の目的です。』

私はこれらの言葉を読んで、涙が出ました。忍苦と享楽を求めず、便利さと形だけの真面目さに生きようとする心の中の嘘つきの現代人間の群がっている今の社会で、このような学校の存在を探すことは、とても難しいことです。しかし、こういう学校もない訳ではなかったのです。

『幼い子供の絵が自由で、素晴らしい美があることに感動することがある。しかし、これは作品ではないのだ。神が傍らにいて助けてくれたものだから……。それは野に咲く花のようなものだ、だから作品として美術館に飾られないものだ。幼い心の時代が過ぎるにつれ、神は助けてくれなくなる。世の中の功利的な考え、打算が多くなり、感性が鈍くなる。それではいけない。すべったり、転んだり、傷ついたり。それでも神は助けようとしない。神は、わざと助けないのである。この苦悩と模索を暫く見てから、神は又、近づいてきて手を貸す。そこでやっと自分で築き上げた作品、「自分」という作品が出来上がるのである。神はその作品を期待していた訳である。作品は完成しようと考えなくても良い。この模索と苦悩に価値があるのである。自分の人生での思想の進め方に価値があれば良いのである。』

私はこれを読んで日本の学校にもまだ一部可能性のあることを信じることが出来ました。これを書いたのは、現文化学院の校長、西村八知先生です。私は、息子が、孫娘、花琳の「風が見えるよ！」の言葉に気付き、大人にはその風の色が見えなくなっている事実を知った彼故に、この文化学院で、教鞭をとることが出来たのだと思います。貴方が今、貴方らしく、周囲の教師達の必ずしもはっきりとした理解を得ることなく、それにも負けず本当の教育に邁進している事実を、私は大いに喜んでいます。貴方は既に、貴方の内面に於いて生徒達を喜ばせるペスタロッチの教育論を展開し、バーナード・ショーの学問の形を一つの新しい教育学として発展させ、ジャンジャック・ルソーのように文明の愚かさを原生の美学又は自然の叡智、本能の知として再創造する本当の意味の教師となっているのです。自信を持って下さい。やがて生徒達が社会に出てから、金銭や名誉や権力に夢中になっているこの社会の人々の間で苦悩する時、貴方を思い出し、貴方の教育に様々な思い当る点を見出し、感謝する日が来るでしょう。他のどのような教師達も、分かっているくせに、怖がって敢えて口に出さず教えなかったもの、言ってみれば昔の人の言った秘伝を貴方は教えているのですから。

ソクラテスが永遠の教師と呼ばれ、柳生一刀斎が自らをこの社会でもっとも役に立たない〝石舟〟と呼んだように、貴方も貴方らしい自分を本当の訓導とよべるのでしょう。それを大いに喜んで下さい。今日は恐らく来て下さることと、今から楽しみにしています。とに角、車の往復には注意して下さい。では又。」

私はこの手紙を書く数日前にもミラーから貰った幸福の岩という言葉を念頭において、N先生に手紙を書いていた。

「今日はこれから大分暑くなるようです。暫くお会いしていませんね。私の身体の方も日々回復しつつあり、来月に入ると間もなく家に帰れるかもしれません。今は、一日数回三、四百米歩き、来週は階段の昇り降りも少しずつ（取りあえず一階のみ）する予定になっています。今週の火曜日から一日おきに、シャワーも浴びることが出来るようになりました。

文明の世の中とは、人間同士が、より便利に生きる為に作った様々な約束ごと（道徳や優しさ）がとても大切なものでありながら、同時に必要以上に人間を縛り付けています。というよりは、道徳や他人に対する優しさをその最低限で守ることによって自己満足の心を満たし、責任感の最低限を行なうことによって、責任逃れをする知恵を私達文明人間は、いつの間にか知らずして身に付けているのです。しかし、人間本来の自然の中で身に付けていた、限りなく尽くし、努力し、夢を見続け、希望を忘れることなく前進させていたあの素朴さ、純真さ、幼児の本能に近い熱意を私達は何処に置いてきてしまったのでしょう。熱そういう意味では、私達自身もますます原生の叡智を持って物を書かなくてはならず、熱い心で、内側のものを歌わなければならないのです。自分の心に逆らうことなく、自然のリズムの中で、確かに生きるということ、即ち良心と心の旋律に従って日々を過ごすことに責任を持たなくてはならないと思っています。

貴方自身確かに、一瞬々々をそのように力一杯生きています。そのこと自体が、貴方を今の貴方らしく、良心に忠実な自然人間として、生かしているのでしょう。

魂の発散する匂いが、若葉の色と匂いそのものであった頃、自然の言葉が、力ある言葉が、生命の爽やかな滴りを滴らせていました。しかし、そのような時代は今何処にいってしまったのでしょう。かつては、飢えや寒さなどに耐えることの出来た人間は、それなりに、結構貧しくとも飢えても、病に冒されても、多少ボロを身につけても、家族や、友や、仲間とどうにか暮らしていくことが出来たものです。

抗菌グッズによって生活の全域を固め、無農薬の食品のみを食べて、あらゆる栄養剤や薬を飲み続けて生きていながら細菌には弱く、病気には勝つことが出来ない現代人間の不幸は何処から来ているのでしょう。

私達は或る意味では、他の人々が使い捨てたものを用い、もっとも安い食べ物や道具でもってあらゆる知恵と努力を払って、しかもそのようにして生きられることに、十分な感謝をして、日々を過ごす時、少しぐらいの細菌や傷口や我慢の出来る程度の痛みなどには耐えていける生活者になれるでしょう。

貴方が暮らしている生き方は、貴方を確かな意味に於いて強めていることは事実です。何時でも必要な分の八割、乃至は七割で生きる行為は、私達が持っている能力の十割乃至は十二割以上が発揮出来る知恵そのものなのです。

利口さに於いても、幼い頃に教師に誉められるような立派な生徒や、成人すると忽ち世に名を上げてしまうような、目から鼻に抜ける人々は立派な家を建て、勲章を貰いながら五十才、六十才、七十才を生き、ぽっくり自殺をしたり、文章を書くことをやめたり、口を利くことを止めたりする者が多いのです。それに比べ、六十才になっても七十才になっても、巷で凡人中の凡人として生きながら、幼い頃に学べなかった才のなさをしっかり覚えていて、白髪が生える頃になって、髭が長くなる頃になって、今は存在しない百年、二百年、千年前の永遠の教師にのみ心を熱くし、涙を流す時間が多い人間のなんと幸せなことでしょうか。

普通の人々が一人前に暮らせる頃、他人から金を貰って子供の病気を癒し、学校にやり、着るものや道具も今は亡き先生達の使った四十年、五十年前のものを使っている私はなんと幸せでしょう。

妻や子供達もまた、貧乏神のような私に近づいて来る友人達も、それなりに何らかの形で幸せを体験してくれるので、私はそれを誇りとさえしています。私の師であるヘンリー・ミラーは、自らも言い、周囲からも言われていたことですが、幸福の岩だったのです。とすれば、話しはいつも外れますが、ミラー文学協会に集まっている研究者や、文学ファンやミラーに熱い涙を流す会員達は、まさしく幸福の岩に身と心を触れている筈です。

時代というものはいつも、光と闇から出来ています。つまり、幸福と不幸という二つの側面を持った一つの時間の流れから出来ているのです。光だけが存在する訳ではなく、闇だけがそのまま存在する訳でもありません。光と闇は一つ。光のみが存在する可能性はありません、闇のみが光と分かれて存在出来る理由もないのです。これら二つを一つとして生きる私達は、生き方の存在と時間の真ん中で、どちらかを勝手に選んでいるだけに過ぎないのです。

ケネディー一族のあの悲劇は、光のみを選ぶことに力を入れ過ぎ、頑張り過ぎ、努力し過ぎ、強引になり過ぎた、アイルランド人の頑張り人生の一つの形でしょう。

人間は幸せが多くやってきたら、敢えて努力して貧しく、痛み多く、恥多く生きる一面も身に付けなくてはなりません。その逆も事実です。痛み多く、恥多く、苦しみ多く、報いられない努力が多い時、私達は大いに喜ぶべきです。その時の私達は何の努力もせずに、幸せの一面を既に身に付けているのですから。

痛みや苦しみや学びや訓練や、多く流す涙を持つこと、つまり、精神の努力、魂の貯金、永遠に対しての多くの貸しを作っておく時、人間は幸福です。

貴方は今、その貸しを作っている状態なのです。兎に角、日々を喜んで下さい。では又書きましょう。お元気で！　もう梅雨も明け、そろそろ暑い夏がやって来るでしょう。何時もどんな季節も、自分らしく生きる人間にとって実に良いものです。」

今年はとても暑い夏を過さなくてはならなかった。二ケ月と十日ばかりの入院生活は、私の場合のような循環器科の患者としては長い方であるという。

この町の夏祭りの花火も病院の屋上から、ひんやりとした夜風に当たりながら眺めた。

一瞬にして夜空に広がる華麗な花火。次の一瞬に、パッと散ってしまう。それはどう考えても、悲しい人の世の姿そのものだ。生まれたその時から闇夜に消えていく花火として暮らしていかなければならない自分を、ひしひしと思わされる。

三十数年前の梅雨どき、この世の短さの中で、徐々に冷たくなって硬直していく息子を私は抱き締めていた。泣いても泣いても止まることのないこの心の真ん中の深い痛み、魂の底の呼吸さえ止まりそうな苦しみの中で、私は布団の中の時間を持て余した。

今、死と向き合った解離性大動脈瘤の苦しみがどれ程であり、うなされた悩みがどれほど辛いものであろうと、たった一夜しか抱いて過せなかった息子への悲しみは、それらの苦しみや辛さを超えて私の生命の全域に響いた。入院中、若い看護婦達が、七夕の為に笹に飾る短冊を用意した。私にも何かを書いて欲しいと言って来た。私は亡き息子を念いつつ一句作った。

「降る雨の　中にさえ　星笑え」

今年の一関の七夕は、七夕の前日までずっと雨が降っていた。

八月に入って九日目、焼け付くような暑い夏空の中、私は久し振りに家に戻った。苦しみも悲しみもすべて人の世の常。浴衣姿で家路に着く私は、まだ生きていたのだなぁと思った。生きるということはまさしくこういうことだ。つまり生きていることは苦しみ、悲しみながら生きていることを自覚する一瞬の中にしか存在しないのである。

生命体は変化が必要である。今日と同じ明日の中で安心してしまう人間は決して強くなれない。前進がない。良いことしか起こらないで欲しいと願う人間は自らを弱者に仕上げていく。もし良いことが変わらないなら、悪いことでもよい、起こって欲しいと願う

著者近影

人間こそ、創造的人間の映像が浮かび上がってくる。この映像は現代の人間が殆ど失っている。

「まだ生きん　未だ残れし　人生の
　事ども多し　笑うことあり」

上野霄里プロフィール

岩手県一関市在住。神学校を卒業、布教のため同地に移住するが、その後教団とは絶縁する。世界各国の芸術、思想家と親交を持つ。特に400通もの書簡を交わし合った、故ヘンリー・ミラー氏とは互いに胸奥を披瀝し合うほどの間柄で、往訪も含め、深交は最晩年まで変わらずに続けられた。

主なる著書

『単細胞的思考』『放浪の回帰線』『運平利禅雅』『離脱の思考』『くがねの夢』『若者へのエファンゲリュウム』『星の歌』

孫とサンタクロース

俳優　前田　武彦

私には九歳になる孫が一人おります。男の子です。

この子は、息子夫婦の一人っ子で、生まれた時からずっと一緒にいます。

息子夫婦は、結婚と同時に私たち家族と同居しました。現在、彼ら家族は二階に住み、私たちは一階に住んでいます。

孫は、私の前に、鼻歌とともに登場します。彼の鼻歌が階段から聞こえてきただけで、私はそわそわとして仕事も手につかず、いよいよ私の仕事部屋に顔を出した時には、私はすでに仕事を放りだし、すっかりジジ馬鹿に変身しているのです。

メール交換（私だってEメールぐらいはやります）している友人から「今日は娘の孫た

ちが来ます。わが家はしばらく託児所になります」と喜々としたメールを送ってくることがありますが、「分かる分かる、分かりますよその気持！」と大きな声で答えてやりたい心境です。

俗に〝孫は来てよし、帰ってよし〟と申しますが、こと私に関しては〝来てよし、帰らぬでよし〟で、みすみす仕事に支障をきたすことが分かっていながらも、〝悪女の深情け〟的な彼との共有時間を大切にし、他のことは一切放棄……てなことになってしまうのです。

よく、無償の愛と言いますが、私はこの孫が生まれた時から、彼に無償の愛を捧げてきました。私の七十年の人生の中には、愛を捧げた恋人も複数いましたし、その中の一人を妻にもしました。恵まれた二人の子どもにも、精一杯愛を与えてきました。しかし、孫に捧げる愛だけは、まさしく無償の愛なのです。理屈抜きで可愛く、人を愛するということはこんなに純粋になることなのだと実感し、ひたすら、ジジ馬鹿に徹しています。

思うに、子どもとの関係は、彼らを養い教育する責任が伴いますが、孫との関係は、短編小説に似て、すぐに終わってしまうかも知れないはかなさを伴っているからでしょうか。

孫の母親である嫁は、結婚以来、私たち夫婦によく尽くしてくれています。私の妻は、孫の父親である実の息子とはよく喧嘩していますが、嫁とは気が合うのか、実の娘のように仲良く、買物にもよく連れ立って行っております。

世間では、結婚と同時に子世帯が別居し、核家族化されているのが一般的ですが、いま注目されている老人介護の問題を考える時、三世代同居の家族関係の良さがこれからは見直されるのではないかと思います。

私たち夫婦は、介護の必要が生じた時には、しかるべく専門家にまかせようと考えていますが、恐らく嫁は、私たちの面倒を見ることを厭わないでしょう。同居して歳月を積み重ねてきた良き親子関係が、お互いに生活の一部となっていますから、それぞれの立場を考え、自然な形で一番良い方法を選択すると思います。

結婚と同時に親世帯と子世帯が別居している場合、問題は深刻になると思います。親の高齢化とともに同居を始めて、いきなり介護の問題が生じたとしたら、そこには感情のぶつかり合いが生じるでしょう。子世帯から見れば、降ってわいた〝介護〟という問題を、負担と感じる気持ちが強くなるのは当然です。現在の高齢者対策の有り様から見て、行政に大きな期待もできない情況の中、親世帯としては置かれた情況に困惑するのではないでしょうか。

縁あって親子となった嫁の子どもである孫です。愛しいのは当然です。

私が孫と共有している時間は、私にとっては若返りタイムです。孫と対等に接しているとき、私は彼から素晴らしいプレゼントをもらいます。それは、果てしない好奇心と、純粋無垢な疑問です。孫の疑問に誠実正面から立ち向かうとき、私の脳は刺激され、新鮮な発見をします。これが今の私にとって素晴らしいボケ防止になっています。

私は孫と自転車でサイクリングを楽しみます。わが家の近くを流れる呑川が、コンクリートで覆われ遊歩道になっています。ある日、私と孫は、その遊歩道の旅に出発しました。この道はどこまで続いているのかと走り続けたら、何と羽田にたどりつきました。往復四十分の旅を終えて戻ると、私たちはインターネットでその川に関する情報を収集、知識を共有しました。そんな体験から、孫は、いつの間にかインターネットのやり方を覚え、大いに楽しみながら学んでいるようです。

ところがこのインターネットに、私の悪友からとんでもないHな情報が送られてくることがあります。そんな大人のふざけた楽しみを、孫が見てしまわないかと、孫の成長を喜びつつ、ちょっとおっかなく思っているジジ馬鹿の最近の心境です。

やんちゃで可愛い孫くんです

孫との共有時間（特に寝物語の時）に私は、孫の成長に合わせて創作話を語り聞かせてきました。孫は「おじいちゃんの素敵な物語」が楽しみで、話の途中で寝入ってしまった時には、翌日、続きを聞かせてとせがみます。私にすれば、その時々の創作ですから、何の話をしたのかすっかり忘れしまい、彼にどやされます。そんなことから、二人で役割分担をし、創作を完成させるようになりました。

先日、孫の友人が遊びにきました。彼らは、近付いたクリスマスについて語り合っていたのですが、サンタクロースについて論争していました。

「サンタは煙突もない家にどうやって入ると思う？」

「きっと、空間を通り抜ける術をもっているんだよ」

「でも防犯カメラには写るかもね」

「きっと写ると思うよ」

サンタクロースの存在を肯定する孫たちの会話を聞いていると、今も昔も、童心は変わらないなとほのぼのとしましたが、一方、防犯カメラにはまぎれもない現代を感じました。セキュリティーを持ち出すところはやっぱり現代っ子です。ならば我が方としても、サンタの衣装を着用〝防犯カメラに一瞬撮《と》られる〟というのはどうでしょう。私ならそうするなあと思いました。

ところで問題は、やがてやって来るクリスマスのプレゼントです。私は孫に、サンタに何をお願いしたのかと聞いて見ました。すると孫が見せてくれたメモには、何と三つの願いがありました。一つは祖父である私に、もう一つは父親に、そしてサンタにです。

私はかつて聞いたことのある、米軍のラジオ番組を思い出し

二人は大の仲よし

ました。それは、サンタが登場する番組です。アメリカの子どもたちは、サンタが存在すると信じて、プレゼントを頼みます。現実のサンタ役である親たちは、彼らが要求するプレゼントの内容が知りたくて聞き出そうとしますが、子どもたちの中には、「サンタに直接頼んだ」と秘密にし、教えてくれないことがよくあるそうです。そこで必要になるのがサンタの存在です。サンタは、サンタに直接頼んだ、という子どもたちの名前を呼びながら話しかけます。

「何が欲しいのか、そっと教えてくれないかな？」

「おもちゃの消防自動車だよ」

「分かった。きっとクリスマスに間にあうと思うよ」

という具合で進行します。中には、

「ぼく、家で飼う大きな犬が欲しい」

「うん、しかし困ったな。運ぶときに、ソリにつないだトナカイと喧嘩するといけないから、ぬいぐるみでガマンしてくれないかな」

といった按配です。

これは子どもに夢を与える素晴らしい企画だと思いました。夢を大事にするあのディズニーランドとどこか通じるところがあります。

私は、ディズニーランドに取材に行ったことがありますが、ミッキーマウスやドナルドダッグなどの着ぐるみに入っている人たちは、休憩時間でも、社員食堂だろうが何処だろうが、役になりきって過ごすということを聞きました。

ディズニーランドを訪れる人々は、そこで活躍するキャラクターに夢を抱いてくるのです。観客は、キャラクターを見つけると手を振ります。すると彼らも手を振って応えてくれますね。あれは、私たちが子どもの頃、日本においてもおなじみの光景でした。汽車の窓から、線路際の田圃《たんぼ》で働いている農家の人々に手を振ると、見知らぬ彼らが手を振って応える。ただそれだけのことですが、心の中にホノボノとした温もりを感じたものです。そこには、人と人との交流がありました。

私は人間を観察するのが好きです。雑踏の中で人々の動きや表情を見ていると、彼らが発するメッセージを感じ取れるように思います。

ところが、どこでどう話が違ってしまったのか、いまの幼稚園児は、クレヨンを持たせても人間の顔を描かないそうです。運動会の絵を描かせると、紅白の玉やラインや柵などは描くのですが、そこには人間が登場しないというのです。それは、生身の人間を真剣に見ていないことから生じることだと思います。

ゲームに慣らされた子どもたちの心を解放して、人間が見えてくる状態にするためにも、ジジ馬鹿たちの役割は大きいと感じるこの頃です。

前田　武彦プロフィール

昭和4年（1929）4月3日生まれ（東京都出身）。鎌倉アカデミア演劇科卒業。
昭和28年、NHKテレビ「こどもの時間」をスタートに、テレビ脚本を執筆。
昭和30年頃より、各民放テレビ、ラジオで出演を兼業。現在に至る。
テレビ　「巨泉・前武のゲバゲバ90分」「そこが知りたい」「夜のヒットスタジオ」「スーパーワイド」「笑アップ歌謡大作戦」「クイズところかわれば」「関口

宏のサンデーモーニング」他
ラジオ
ラジオ関東
ラジオ日本「昨日のつづき」「テレフォン身の上相談」
映　画「ほんとうの時代」「前田武彦のかしましジャーナル」
「男はつらいよ」「祝辞」「愛しのチイパッパ」「釣りバカ日誌」「晴れときどき殺人」「青春デンデケデケデケ」他
ＣＦ　ＮＩＤＯインターナショナル
著　書「毒舌教室」光文社　「天気図を読む本」日本実業出版社
「タケロー・タケヒコの本音斬り」グラフ社刊　他
講演テーマ「はなしのはなし」「高齢社会・私の生き方」「てれびの化石」
「マエタケのおもしろ健康法」など
現在出演中の番組　ＮＨＫ――ＢＳ２「シネマ・パラダイス」（土曜23：15～）
テレビ東京「知ってる介！護」（土曜10：00）
東映映画「マルヒの女（仮題）」（和泉聖治監督）に出演。
１９９９年70歳を迎えると同時にパソコンを始め、メールやインターネットにはまっている毎日。週末は孫達と遊んだり、趣味のヨットを楽しんだりしている。

国境なき医師団の活動とノーベル平和賞

国境なき医師団日本事務局長　ドミニク・レギュイエ

国境なき医師団国際憲章

国境なき医師団は、天災、人災、戦争などあらゆる災害に苦しむ人々に、人種、宗教、思想、政治すべてを超え、差別することなく援助を提供する。

国境なき医師団は、普遍的な医学倫理と、人道的な救済の権利の名のもとに、何にも妨げられることなく、その職務を中立と公平な立場で行う。

国境なき医師団のメンバーは、その職業道徳に従い、すべての政治、経済、宗教とは関わりなく任務を遂行する。

国境なき医師団のメンバーとその権利の継承者は、任務中に生じる危険および損害に関し、国境なき医師団によって支払われる補償以外のいかなる補償の権利も要求しない。

一九九九年度のノーベル平和賞が、私たちの活動に授与されたことは、国境なき医師団の二〇世紀の最後を飾る記念すべき出来事でありました。これは先人たちのたゆまぬ努力と大きな苦労、この活動に思いを託して信頼、支援をして下さった大勢の方々の賜物であります。

受賞の理由として挙げられた「あらゆる災害に苦しむ人々に、国家・政治の壁を超えて高度に組織化された援助を提供するという理念を、高い独立性を保ちながら実現してきたこと、援助活動を通じて、対立勢力の間に対話の道を開いたこと」は、私たちが活動の基本としていることであります。

一九七一年に数名のフランス人医師によって創設された非営利の民間団体（NGO）である国境なき医師団（MSF）は、現在、世界八〇余カ国で、二、五〇〇人以上のボランティア（医師、看護婦、助産婦、物資調達要員など）が援助活動に参加しております。

当時、国際赤十字などの呼びかけで緊急医療援助活動に参加した医師たちが、災害現地で直面する大規模な人権侵害や、人道援助を行なうための最低限の条件が保障されない状況での医療活動に、限界を感じるようになりました。この状況打開のためには、効率的な援助を実現するとともに、国際的な世論に訴える証言活動が必要だと判断した結果、国境なき医師団を創立しました。

私たちは、世界各国にある難民キャンプ、飢餓に見舞われた地域や自然災害の被災地、医療が行き届かない遠隔地、戦時下の街などで、診断、処方、手術のほか、衛生管理、栄養補給、医療施設の改修、現地の医療関係者のトレーニングなどを行なっています。

資金面では、冒頭の、「憲章」にうたった独立性と、組織の柔軟性を保つために、個人寄付を重要視しております。

〝国境なき医師団日本〟の活動

国際的な組織であるMSFは、ヨーロッパ、アジア、アメリカの各国に一八の拠点を置いております。その一つである〝国境なき医師団日本〟は、一九九二年に事務局が開設され、これまで一〇カ所を超える活動地に、医師、看護婦、助産婦、物資調達要員（ロジスティシャン）を延べ三〇人派遣してきました。内戦による負傷者の外科治療（スリランカ）、部族間の抗争が生んだ大量の難民への食糧援助（ルワンダ）、難民生活を強いられる少数民族への援助（タイ）、睡眠病の治療と予防（ウガンダ）、阪神大震災時の医療援助（神戸）、医療が受けられない山間地の人々への医療援助（アフガニスタン）など〝国境なき医師団日本〟の活動規模は年々拡大しています。

こうした活動に必要な資金は、いかなる外的影響を受けることのない中立性を保つためにも個人の寄付を重視していますが、昨年は、支援者のみなさまのご理解による寄付が優に四億七千万円を超え、おかげで多くの地域に、人的、資金的な援助をすることができました。

世界各国には、ＭＳＦの援助を必要とする人々が大勢います。私たちは、より多くの方々に、人道援助についての理解を深めていただくための講演活動も積極的に行なっています。

世界の子どもたちの状況を理解するための「子どもレポーター」、ＭＳＦの活動を、学生の視点から支援する「国境なき学生（ＥＳＦ）」の活動、また、若いフォトジャーナリストを育成し、現地の実態を記録するためのコンクール「ＭＳＦフォトジャーナリスト賞」も開催しています。

昨年一〇月、ＭＳＦ日本は、「特定非営利活動法人」（ＮＰＯ法人）として認証され、今後は、ＮＰＯ法人として活動することになりました。

ＭＳＦの活動の重要な仕事の一つにロジスティック（物資調達部門）があります。この活動の目的は、医療チームが行なう医療援助行為での必要な物流管理と補給路の確保、ミッションの活動環境をあらゆる状況下で整備することです。

昨年九月、日本人では初めてのロジスティシャンとして吉川恭生氏がコソボに派遣されました。

彼の報告によると、「セルビア系住民対アルバニア系住民の積年の怨念とＮＡＴＯの空爆が、まさに『瓦礫の山をつくっただけ』」のコソボで、虐殺死体を埋められた井戸から、それら大量の死体を取り除き、消毒し、水質管理の方法を村人に指導する「水質浄化プログラム」、点在する診療所を建て直す「診療所再建プログラム」、屋根を焼失した家屋に屋根を提供する「屋根再建プログラム」が組まれました。

吉川氏は、冬に向けて「気管支疾患の流行を防ぐ目的」で行なわれる「屋根再建プログラム」の一員として、六〇ケ村にものぼる村の居住者に関する情報収集と分析などを担当しましたが「本当に援助を必要としている家族を探すことは、真実と嘘を探すことでもあり、精神的にも難しい仕事だ。極限状況にある人々が嘘をつくことを、私は、理解しているつもりだったが、感情的にはならず、公平な判断をし続けることの難しさと必要性を自分自身に言い続ける毎日だった」と、その活動の厳しさを報告しています。

昨年〝国境なき医師団日本〟では、一二カ国の現場に一三回、一一人のボランティアを派遣しました。彼らは原則として六カ月間滞在しますが、スリランカのマドゥー難民キャンプで活動していた鈴木尚子医師のように、「宗教的、政治的圧力により、難民キャンプは強制的に閉鎖され」、「存在理由を失って」五カ月で帰国という場合もあります。

このように紛争地での活動には安全面での厳しい問題に直面しますが、私たちは、紛争当事者と可能な限り話し合い、自分たちの方針をしっかり伝え、理解を求める努力をしています。通信は、傍受されることを前提に暗号を用いるとか、移動の途中、兵士の検問でもエンジンを切らない、車から降りない、交渉時には常に冷静を保つなど、活動の原則を決めています。

状況が悪化したときに活動を続けるか否かは、住民への人道援助の必要性とMSFの医療チームが直面する危険とを比較し、たとえ援助物資を持っていても殺されては役に立たないことを考慮に入れています。現地のボランティアは、自分を取り巻く危険と、援助を求める人々の両方と向かい合いながら、毎日活動を続けています。

MSF日本では、国内での支援も行なっています。中でも、阪神大震災の被災者援助活動以来、山谷地区でも、日雇労働者・路上生活者らの医療面での支援を行なっている山友会と協力しています。

山友会クリニックでは、現在、鍼灸師二名、整体師一名、医師七名、看護婦十数名、看護学生数名がボランティアとして関わっています。MSF日本では、ここに看護婦一名を派遣し、資金援助も行なっています。ここで働くスタッフは、対象となる人々と向き合い、「何がこの人にとって一番いいのか」、「自立とは何か」を追及しています。

国境なき医師団は、世界各国に援助を必要とする人々がいるかぎり、彼らが笑顔を取り戻せるように、さらに活動を続けて行くでしょう。

ただ、私の話を終えるに当たって一言聞いていただきたいことがあります。

ご存じの方も多いかと思いますが、今世紀最初の年のノーベル平和賞受賞団体は、かの「赤十字」でした。そして百年経た今日、すなわち今世紀末に同賞を戴いたのが国境なき医師団です。

皆さん、私どもの行動は、「赤十字」の活躍と同様に、人間として当然のことなのではないでしょうか。その当然のことをしている団体に〝ノーベル平和賞授与〟です。

思えばこの百年の間、人類はいかなる進歩を遂げたと言えるのでしょうか。次の世紀こそ、こういう活動がごく当たり前の世の中になることを願ってこの章を終わります。

ドミニク　レギュイエ（Dominque LEGUILLIER）プロフィール

1952年7月5日　フランス・パリ生まれ
国境なき医師団（MSF）日本事務局長

1971年　パリ第9大学にて企業経営学専攻
1974年　フランス海軍にて兵役
1975年　国立東洋語学院（Langues'O Paris）にて日本語学専攻
1978年　パリ映画上映センター支配人補佐
1979年　インド、スリランカ、タイ、フィリピン、香港を旅行
1980年　オーストラリアとニュージーランドに滞在
1982年　『アール・ド・ヴィーブル』誌（フランス・マグナム

社）広告担当チーフ
1983年　ベネズエラ、ブラジル、アマゾンを旅行
1984年　MSFフランスのミッションアドミニストレーターとしてエチオピア勤務
1986年　MSFフランスの企業向け広報（マーケティング）担当
1987年　MSFフランスの地方向け広報（地方議会、メディア）担当
青少年向け広報（教育ビデオ、シリーズテレビ番組制作）担当
タイ、グアテマラ、ギニア、コート・ディボアールのミッションに参加
1991年6月よりアラブ首長国連邦と湾岸ミッション担当
1992年2月より日本担当
11月よりMSF日本事務局長に就任し、東京に事務局を開設

にこちん力《りょく》

たばこ評論家　赤瀬川　煙平

人間、煙草を吸うとマナー忘れがひどくなるということは誰しもあることで、「えーと、ここで吸ってよかったかな……」ということがよくある。よくあるというよりは、最近ぐんぐん増えてきていて、「えーと、吸ってよかったかな」と訊くと、家人に「ベランダで吸って！」と言われたりする。あまり繰り返していると、たしかに「いい加減に禁煙したら？」という感じにもなるだろう。

家の中だけでなく、外に出ても、禁煙の病院や図書館で無意識のうちに煙草に火をつけたりしてしまう。ふつうは「病気」とか、「依存症」とか、「あいつもだいぶ薬物中毒だ」とか言うんだけど、そういう言葉の代わりに「あいつもかなり『にこちん力』がついてきたな」というふうに言うのである。そうすると何だか煙草を吸うことに積極性が出てきて、なかなかいい。

近頃はどこもかしこも禁煙、禁煙で、駅で電車待ちのつれづれにうっかり煙草に火をつけようものなら、たちまち周囲の白い眼に囲まれ、「こんな人混みで煙草を吸うなんて」「喫煙所はあっち」と指摘される。

駅が禁煙なのを知らないわけではないが、長年の習慣で、手持ちぶさたの折、つい何の気なしに煙草を口にくわえてしまうのである。こんな時は自分を責めたりせず、「これも『にこちん力』の賜物」と考えて、悠然と喫煙所に赴くのがよろしい。

喫煙所といっても大抵がホームに白線を四角く引いただけのもので、みな互いに視線を合わせないようにして、それぞれあらぬ方を向いてプカプカやっている。周囲の人間はジロジロこっちを見たり、中にはカメラを向ける輩もいたりするが、こんな俄か芸能人気分が味わえるのも『にこちん力』のお蔭である。

煙が苦手だったら、この白枠の中に入ることすらできない。これを特別待遇と言わずに何と言おうか。

電車に一時間も揺られた後は、そろそろ一服と行きたい。改札口を出るや否や、職場までの数分間も無駄にせず、しっかり歩行喫煙。何といっても執着心を去る訓練ができる点が歩行喫煙の妙味である。

歩きながら吸った後は惜しげもなく吸殻を道端にポイッ。一箱吸い終われば、箱もポイッ。決して物事にこだわらない。

こうした修行を積むうちに、財産や名誉でさえ平気で捨てられるようになる筈である。

こういうのを僕らでは「『にこちん力』がついてきた」と言う。

職場でも、まず一服。同僚に苦情を言われても、「煙草を吸わないと仕事がはかどらない」「吸う権利もあるんだ」「家では遠慮して吸ってるんだから職場では気兼ねなく吸わせろ」などと胸を張って言い返す。

たとえ禁煙の職場でも、トイレで隠れて吸ったり、「残業の時は吸ってもいいんだ」とか何とか言って、とにかく隙あらば吸おうと、前向きに考える。まさに『にこちんパワー』全開である。いやしくもスモーカーたるもの、このように『にこちん力』を高め、有意義な人生を送りたいものである。

未成年喫煙者救済の切り札

＝タバコ3K（くさい・きたない・カッコ悪い）

Ｂｙ　ＨＡＲＲＹ　ＭＡＣＬＥＡＮ

未成年喫煙は増加の一途をたどり、制服のまま喫煙する高校生の姿も今や珍しいものではありません。日本警察の総元締め警察庁の少年課ですら「市民の皆さんの努力に期待する。警察のみでは解決は不可能」と、まったくお手上げの状態です。

一方、二〇代女性の喫煙率も上昇の一途をたどり、女性の歩きタバコはもちろんのこと、妊婦とその旦那が手をつないで歩行喫煙している（ワッターシハ、ソーレヲミマーシタ！）姿さえ見かけるご時世となってしまいましたのでした。

この流れに歯止めをかけて、エンヤコーラ押し戻すには、どないな方法がありますでしょうか？　とにかく刹那的・短絡的な考え方をしがちな「キレやすい若者」に、二〇年後のタバコ病（癌・心臓病・脳卒中など）のリスクや他人への迷惑を、いくら口を酸っぱくして説いたっても、効果は限られています。

彼らは、「タバコ吸うのはカッコいい！」と錯覚して、後先のことは考えず、「カッコいい大人」の真似をして吸っているのですから、まずこのマインドコントロールを解いてやることが必要です。

「タバコを吸えば痩せられる、小顔になれる」とのニセ情報（たぶんタバコ会社が流しているんでありましょう）に騙されて吸っている若い女性も多いとのこと。彼女たちにとっても、二〇年後の癌や三〇年後の骨粗鬆症などより、「夏までに痩せる」ことの方がはるかに切実な問題なのでしょう。

「タバコでキレイになれる」というのは真っ赤なウソで、実はタバコ中のCOで血のめぐりが悪くなり、お肌のシワ・シミが増える↓それを隠すための厚化粧やタバコ臭を消すためのキツい香水↓厚化粧で肌が痛みさらに厚化粧、イライラでタバコも増える……という「魔の悪循環」への第一歩だということを、教えてあげる必要があります。

つまり、タバコをずーっと吸っている一見「カッコいい」大人はもちろんのこと、吸い始めて日の浅い彼らでさえ、あっと言う間に、くさく、きたなく、カッコ悪くなりまっせ（以下「3K」）ということを教えてあげることが大事なのです。

また、孫に「おじーちゃん、お口くちゃい」と言われて禁煙を決意したお年寄りもいるそうなので、この方法は全年齢層のスモーカーに対して、効果テキメン有効ドントコイでありましょう。

今のところ、この3Kを彼らにアピールする活動はあまり見かけないので、未成年や若者に的を絞った、彼らにアピールする方法やグッズを工夫する必要があります。

そこで『分煙有理』読者の皆様にお願いします。以下のような情報をお寄せ下さい。
☆どんなときに、またどのような喫煙者を特に3Kと感じますか（併せて「ワースト3K有名人」も）
・喫煙者の美容上のトラブル（肌荒れ、シミ、シワ、歯の変色、口臭、歯周病、体や服に染み付くタバコ臭、ハゲ・薄毛、イボ痔〈美容でない？〉などなど）の具体例、それへの対応策と必要な費用の情報。
☆3Kの（特に未成年者）若者男女への具体的なアピール方法（キャッチコピーや、いかにも臭そうな若者スモーカーの写真・イラストなど）、皆様の「3Kアピール活動」の事例（たとえば静かな本屋の店内でタバコ臭い人の背後に忍び寄り「タバコ吸うヤツって臭いんだよな」と耳許で囁くと、３Ｋ喫煙者の反応としては囁かれた方の耳がピクピク動くなどなど）。

では、そこんところヨーーロシクっっっ！　（ハリー＝マクリーンさんは日本在住のオーストラリア人デザイナーです）

私の煙害体験——もう「ベニ×××」は買えない

私（女性）は今年七月初め、二〇年近く勤務した区役所を辞職しました。タバコの煙に負けそうな私に手を差し伸べてくれた上司もいたのに、「自力で頑張る」と言いながら、あっけなく敗れてしまいました。

その夏は、なぜ辞めたか、なぜ頑張れなかったか、頭の中でいろいろ渦巻いて、レポート用紙五〇枚ぐらいになるほど、途切れがちな思考の繰返しでした。生きるため、辞める以前のことには触れたくないという気持ちもありました。

最後の職場であった児童センター分館の子供たちにお便りを出したり、わが子二人の発表会、地域ボランティア、ＰＴＡ役員、パソコン教室通い、観劇etc.。

時はあっという間に過ぎました。家のローンもあり、受験生もいるし、そろそろ働かねばと職探しの毎日。このご時世で都合の良い職があるわけはありません。毎日の給料がなくなり、失業手当もなく、稼ぎもない私は暫く家族に白い目で見られていました。でも、いろいろな人に「何で公務員やめたの。もったいない」と言われ続けましたが、決して後悔はしていません。

五月中旬、職場のA（男性）というヘビースモーカーと仕事上の議論をしていると、論で闘えないと思ったのか、Aは「お前がタバコを嫌いなのは知っている。お前に煙を吹きつけてやる！」と言って、物凄い形相で私に迫ってきました。怖くて本館にいる館長（女性）に思わず電話しました。あまりの言動に人間ではないと思えました。私にとってその言葉と動作は暴力以上のものでした。館長が来た頃には、子供たちもおりましたので、Aは1F、私は2Fで仕事をしていました。

館長は「そのうちブロック会議で、一般的な話として分煙の話をする」と約束しました。「他人に何かを期待してはいけない」とも言いました。「今、話をするとあなたがいじめられるかもしれない」とのことでした。

その後、会議で分煙の話がされることはありませんでした。聞けば、「また今度……」の繰返し。

そのような中で私は先にAのいる職場に、二番目に入室する気になれず、始業直前に来るもう一人の同僚を待って職場に入るようになり、「どうしたの？」と言われました。

六月初めの週末、関西に行き、のんびりと過ごして帰ると、週明けは風邪気味で起きる元気もありませんでした。とても職場に行ける気力はなく、休みました。その週はAが研修に出るので出勤せねばならぬのに、体に全然力が入らないのです。

誰かが応援を頼むだろうと、一日、一日と続けて、年休があまりないのに、四～五日休みました。結果的に私は悪い人間になりました。

休んでいる間に、もう職場を辞めようと、人事に辞職の関係書類を送ってくれるように電話しました。その間、Aは小三の女の子にタバコの煙を吹きつけたり、遠足で害虫のいる木の中で弁当を食べるのを許可して何人かの子供を何日か学校を休むほどの皮膚炎にさせたり、賞味期間の随分過ぎたヨーグルトを出して、上から追及されると親のせいにしたり、気分が悪くなるような言動も続きました。

私は八月末迄と思っていたのが、こらえきれず、七月初めに退職することに決めました。館長は「私は何も言わない。自分のことは自分で決めなさい。あとで『ああ言われたから』

と言われても困るし」とのこと。

六月中旬、人事に書類を出した後、私が何となく落ち着かない気持ちでいると、館長が「噂が出る前に、皆の前で辞めるとはっきり話しなさい」と言うので、職員に話をしました。アルバイトの方にも話すと、その人はいろいろ考える所があったのか、「僕も辞めます」とその日のうちに辞めました。

子供たちにはショックのようでした。子供たちには何で辞めるのかはっきり言えず、「実は正義の味方でありまして、今回、修行の旅に出ることになりました」なんて話しましたが、小1、小2の子には「そうかな～」と思えても、小3の子には何となく判られているような感じでした。

確かにタバコの件は引き金で、他にもあったのかもしれません。でも、一つ一つは今迄も我慢していたことなのですが……。

今週、バイトの面接を受けました。葬祭の互助会の入会電話案内の仕事でした。建物は車の振動で揺れ、月収八万円ぐらい。でも、明るく思えたこともあります。

タバコで辞めた私は面接の約束をする電話で、分煙かどうか尋ねました。営業所の責任者は「今吸ってる人はいませんが、吸う人は皆と離れた所で吸ってもらってます」と言ってくれました。

面接は四人の応募者のグループ面接でしたが、責任者が私の方を見て「私はタバコを吸いませんが、タバコを吸う方、お嫌いな方いますか」。一人が「吸う」、私が「苦手」。責任者は「どうしてもダメと言ってるわけではないですが、部屋の隅の換気扇の下で吸って下さいね」。

私を気づかってくれているのが分かり、嬉しかったです。

少しは煙が漂うのかもしれませんが、始めの部分ではいい感じです。そして、なぜ元の職場では温かい気づかい・常識等がなかったのだろうと、不思議に思えました。

中間管理職の館長も、手当だって貰っているだろうに、なぜ「分煙」という基本的人権が守られるような指導をしてくれなかったんだろう。

寒さを感じる今日この頃、気が滅入ってきて、だらだらと書いてしまいました。書こうと、この夏から思ってたのが、やっと再就職する前に書けました。

サツマイモがおいしそうに売られていますが、こだわりを捨てて再出発するはずが、「べニ×××」（×××はAの苗字）だけは買えません。「金時」なら買えます。

サツマイモに罪はないのですが、Aを思い出してしまうのです。夫も同じ区に勤めており、職場の野球でAと顔を合わせます。

課長もヘビースモーカーですし、もういいや、もうダメ……と辞めて良かったと思います。あの苦しさから離れて、極めて平和な心身を手に入れられたのですから。

（一九九八年一一月　千葉県　A・Y）

大切な宝物

俳優　川津　祐介

息子（次女の夫・50歳）に貸してあった自転車が我が家に帰ってきた。惨憺たる姿だった。車体はほとんどサビサビ。サドルのビニールシートは半分なくなり、中から骨がのぞいていた。しかし、実を言うとこれは3年前に貸した姿と全く変わっていないのだ。よくぞこんなおんぼろ自転車に乗ってくれていたものだと、改めて驚いた。

この自転車を購入したのは、昭和39年。駅前の自転車屋さんである。当時私は、ザ・ガードマン、スパイキャッチャーJ3というテレビ番組に出演し、映画にも年間5〜6本出演していた。売れっ子のアクションスターと呼ばれていた時期である。

当時はスポーツカーに乗ることがスターとしてのステイタスになっていた。役者の仲間は、ポルシェ、ロータスヨーロッパ、フォードマスタング、ベンツＳＬで撮影現場に乗り付けていた。共演者達の豪華絢爛な車でスーパーカーの展示場のようになっている撮影所の駐車場の隅っこに私は何時もその自転車をとめていた。当時、私はスポーツカーどころか、小型自動車すら持っていなかった。変わり者とかケチ臭いと陰で言われていることは知っていたが、私には他の選択は無かった。

当時は誰にも言えなかったことだが、父の会社が倒産しかかっており、母も入院していた。いくら働いても、お金は自分の為には使えなかった。

当時映画俳優は、五社協定と言うものに縛られており、他社出演を許されていなかった。そんな中でフリーの映画俳優は私一人だったので、仕事は次から次に入ってきていた。大映、日活、東宝。かけもちで私は出演していた。そしてどの撮影所にも私は自転車で通っていた。自転車で通える場所を地図で探して、調布市に引っ越していたのだ。

当時は、ほとんどの作品に自前の衣装で出演していたので雨の日はかなりの工夫を要した。しかしそれは、工夫をすれば良いことだった。不便ではあったが、そのことを不幸だとは思っていなかった。

自転車を買う時、前につける子供用のイスを着けてもらった。長男は自転車に乗せてもらう事がすぐに大好きになった。

次いで長女が生まれた。長男は前のシートを妹に譲り後ろに座るようになった。やがて次女が生まれ、前のシートは次女が座るようになり、後ろのシートを延長して、長女が私のすぐ後ろに座り、長男がその後ろから長女を支えて乗れるようにした。長男のシートに背もたれをつけて転落しないように改造したことは言うまでもない。当時は自転車に関しての交通のルールが今ほど厳しくなかったので、私たち親子は四人乗り自転車でずいぶんいろんなところへ出かけて行った。

神代植物公園、深大寺のおそばやさん、焼き物の楽焼き屋さん、井の頭公園、おたまじゃくしやメダカのいる池、どんぐり山。四人の秘密の場所もだんだん増えていった。春には土筆が密生する空き地。夏にはメダカが沢山取れる多摩川の川辺。秋にはお団子やさん……。子供たちはおかげさまで仲良く、元気に健やかに育ってくれた。そして、体重も増えていった。

つつじケ丘はその名の通り、起伏の激しい町だ。坂が多い。子供たちの総重量はやがて70Kgを超え始めたが、私は荷物で前のカゴをいっぱいにし、子供たち三人を乗せて、元気よくペダルを踏んでこの坂道を登ったり下ったりしていた。

ギア式ではなかったので、脚の筋肉を鍛えるにはもってこいだった。スポーツジムに通う必要がなかった。アクションスターの地位を確保できたのはこのトレーニングのおかげだったのかも知れない。

やがて私はアクション映画の撮影の最中に首の骨を傷め、身体が動かなくなってしまう。アクション場面はおろか、普段の生活もまともに出来ない状態がやってきた。階段の上り下りどころか、まっすぐに歩くことも出来なくなってしまった。否、常時めまいがして、まっすぐ立っていることすら難しかった。

子供たちが楽しみにしていたサイクリングも諦めてもらうしかなかった。しかし、それが良かったのだろうか。長男は自分で自転車に乗れるようになり、長女も、次女もその後を追うように自転車に乗れるようになっていった。

自転車を与えるに当たっては、免許制度をとることにした。自転車のスタートのさせ方、ブレーキのかけ方、走り方、止まり方、横断歩道の渡り方、ベルのならし方、一つずつ丁寧に教え、テストに合格すると手書きの免許証と自転車を与えた。子供たちは目を輝かせてチャレンジし、「車庫内限定」「公園内限定」「公道走行可」と、免許のグレードを上げていった。ルール違反は即免許停止、自転車廃棄が約束であった。

次女と七年離れて三女が生まれた。三女が2歳になった時に、私は再び子供を自転車に乗せることにチャレンジした。三女を乗せて初めて自転車で外出した日の緊張は今も忘れない。走行中にめまいは起きないか。起こった時には三女の生命を如何にして守るか。娘と二人、生命をかけた私のリハビリだった。

どんぐり森を抜けて、お地蔵さんの所までいく坂道は、夏でもひんやりして気持ち良かった。風を切って坂を下ると「キャッキャッ」という三女の歓声があがった。この笑い声に励まされながら、私は次第に距離を伸ばし、体力を恢復していった。

子供たちは一緒にたどった道の景色、空気、温度、匂いまで実に様々なことを30年たった今も覚えていてくれたことを最近知った。サイクリングコースの話が始まると、思い出話にわっと花が咲く。同じ風景の中を同じように走っていたのだが、子供たちはその都度新しい発見に出会っていたのだった。

その自転車が、3年ぶりに我が家に帰ってきたのだ。

私の人生の半分以上を共にしてきた自転車。ハンドルに触る。35年の間に起こった様々な出来事が一気に心の奥から噴き上げてくる。30年前のあの子供たちの歓声が耳の奥に沸き上がり、響き渡った。あの笑顔が鮮やかに蘇ってきた。
この自転車は思い出の玉手箱だった。
「大切な宝物……」と、私はつぶやいていた。
それから、元気良く
「よし、明日はどんぐり森に行ってみよう！」と、声に出していた。

著者近影

ミミズのみみちゃんと暮らす

「ごちそうさまーっ！」

「ごちそうさまでした。」

食事が終わると妻はキッチンに立つ。

食事中にずーっと流れていたモーツァルトにやがてトントントントン……という打楽器の伴奏が加わる。包丁でまな板をたたく音だ。妻が料理の下ごしらえの時にむいた人参や大根の皮、食後のリンゴの皮を一緒に刻む音だ。

始めて来たお客様は、概ねここで第一回目の「ギョッ！」という表情を示される。

「もうお腹一杯なのに、又何か食べさせられるのか」という不安と共にある「ギョッ！」ではないかと推察される。

妻がにこやかに伝える。

「心配しないでいいのよ。もう食べ物は無理強いしないから。これはみみちゃんのお食事を作っているんです。」

「みみちゃん？」

「ええ、ミミズのみみちゃん」

「ミミズのみみちゃん？？？」

「見たいですか」そして「ええ」の返事を聞くや否や妻はやおら私の椅子の脇に置いてあるプラスチックのミミズ飼育ケースのフタを開ける。暗い中でのんびり寝そべったり、食事をしていたミミズたちは急にさし込んだ光に驚きあわてふためいて一斉に土の中に逃げ込もうとする。（スパゲッティーナポリタンが50センチの大皿で踊り始めた様子を想像して下さい。）私たち夫婦には見慣れた風景だが、何せ一万匹近くもいるので殆どの方が第2の「ギョッ！」状態に突入される。

「ええーっ！」

「何これーっ！」

歓声とも悲鳴ともつかぬ声を上げられる方が多い。

我が家の茶の間でミミズのみみちゃんが一緒に暮らすようになって一年になる。

初めの頃妻は、鉄製の長さ50センチほどのゴミ拾い用のハサミで恐る恐るミミズをつかんでいた。

しかし、つかむ度にちぎれてしまうことに心を痛めた妻は、やがて屎尿取り用のごついゴム手袋に変えた。それが薄手のゴム手袋になりいつの間にか炊事用と混同するようになり、今では素手で掴めるほどになっている!!　そして、そのプロセスの中で生きとし生けるものを畏敬と共に大切に思う心が妻の中に育まれたように見受けられる。妻は一歩一歩慈母観音に近づきつつある!!

しかし、ミミズを飼育し始めた当初は随分妻に気を使ったものだ。妻は私の母に負けない位ミミズが大の大の大の大嫌いだったからである。

子供の頃、翌日早朝の釣り行きに備えて捕獲したミミズをエサバコごと押入に隠しておいたことがあった。そいつらが大脱走し家中を這い回り母にアザが出来るほど物差しでぶたれた恐怖の思い出がある。私はミミズの飼育に当たっては万一妻の逆鱗に触れても安全であるように、ものさしをはじめ包丁・トンカチ等武器となりそうなものはすべて隠してからミミズの飼育を始めたものである。

しかし、環境さえ整えてやればミミズは絶対に脱走を企てないということがこの一年で実証された。

子供の時は、捕まえたミミズをギュウギュウに箱の中に押し込みしかも死なないようにとフタを少し開けておいたのが致命的な失敗につながっていたのだ。

もうあの愚は繰り返さない!!

ミミズは適当に水分を保った土がありエサが充分にあれば脱走を企てたりしない。

だから茶の間のテーブルの脇で飼育出来るのだ。但、ミミズの中にもコロンブスやマゼランにも匹敵するような大冒険野郎がいるかもしれない。ミミズを甘く見てはいけないと思う。本当にミミズが恐い人は逃げられない工夫が必要だろう。

「そんなに沢山茶の間でミミズを飼って匂わないですか?」という質問をよくお受けする。

私はカカと笑い、

「ミミズのフンは非常に効率の良い脱臭剤なのですよ。」とお答えする。これは科学的事実なのだ。かつてミミズのフンをそのまま脱臭剤として使う事業を起こした人がいる位なのだ。

我が家のリビングダイニングルームはミミズを飼うようになってから匂いがしなくなっ

てしまった。

「家はニラ、ニンニク、玉ネギ、ネギ、ハーブを実に多く使うので、料理を作っている時、そして、出来たての時はかなりの匂いになるんですけど、食後のコーヒーの時には、もうその匂いは消えているんですよ。」

と妻は胸を張る。一年前に「ミミズがいる家では暮らせない。別居か離婚か」と悩んだ人とはとても思えない立派な飼育係ぶりだ。

さて今、都会では生ゴミ処理に信じられない程の費用をかけている。しかも費用をかけた揚句にダイオキシンを生み出していることは周知の事実だ。行政は、知恵がないと私たちは怒るが、責任の一端は膨大なゴミを出し続ける私たちにもあるのではないか。

大量生産、大量消費を豊かさのシンボルと信じ様々なものをつくり続け捨て続けて来た私たちのライフスタイルは本当に正しかったのだろうか。そしてそれは行政を責める丈で解決するものだろうか。

ゴミ問題が表面化し社会問題にまで発展してしまったのは、ゴミの集塵車がゴミ捨て場から袋を持っていってくれればゴミが世界からなくなってしまったかのように錯覚して来た私たちではないか。私たちのつまらない見栄や自分勝手な行動の結果ではなかったたか。

私がミミズを部屋で飼い始めた動機はマンションやアパートでも生ゴミの処理が出来る方法はないかと考えに考えた末のことだ。今はまだ実験の段階だが、ミミズが生ゴミを食べて出してくれるフンはハーブの大好物であることが分かった。

発芽、発根、成長にこんなに効果的な働きをもつものを私は他に知らない。

そして、飼育ケースの下にたまるミミズの小便（と私たちは呼んでいる液体）がまた液肥として実に良い働きをしてくれる。しかし、この液肥もハーブがもらえる分量は我が家では非常に少ない。妻の友人が化粧水にしたいからと云って持っていってしまうからだ。この化粧水は非常に好評だ。バクテリアバランスがすこぶる良いからなのだ。それはみみちゃんたちが飲んでいる水が「バクちゃん水」だからだ。（バクちゃん水とは20年間我が家で培養しているバクテリア群が入っている水。この水の話もいつか聞いてもらいたいが、ここでは割愛する。）

ミミズのみみちゃんが家に来てから、我が家から出る生ゴミの量は激減した。

家族三人で暮らしているが三人分の生ゴミはみみちゃんが概ね処理してくれている。

私の夢は、東京都内の持家、マンション、アパート全ての茶の間にミミズの飼育ケースを備え、窓辺にほうれん草や小松菜ハーブを育ててもらうことだ。

ミミズは小さな生きものだが、大きな宇宙と人間全体の在りようの基本を教えてくれる。この宇宙は循環を基としてつくられていることを知識としてではなく、歓びとして教えてくれるのだ。ミミズと一緒に暮らしていると私たちが宇宙によって愛されているというこ とが次第に心に沁み込んでくる。そして宇宙に愛されていることを直感し、愛することを始めた人は、愛せなかったかつての自分にはもう戻れなくなってしまう。

妻はミミズを憎んだり、鉄のゴミ挟みでつかんでちぎることは出来なくなってしまっている。同じ地上に生を受け、私たちの生活を支えてくれるいのちの同胞として真正面から畏敬を持って出逢っている。野菜くずをそのまま放りこんでも彼らが食べてくれることは知っているから刻まずにはいられないのだ。ミミズを思いやる心が妻の内に育ってしまったのだ。そしてこの心はミミズに育ててもらったと妻は自覚している。

20世紀。私たちは憎むこと、略奪することばかり考え、やって来た。略奪を良いことだと思って来た。奪った者が勝ちというやり方……。戦争がそうだった。兵器をお金に変えた経済戦争でも奪うことばかり考えて来た。よその家庭よその会社から奪い国境の外から奪い、物質から便利さやエネルギーを奪い、多くのいのちを奪い、貪ってきた。

　その挙げ句の果てに様々な問題を作り出してしまった。このままで良いとは思ってはいなかったがどうすれば良いのかが分からなかった私たちだった。

「共生」という言葉を聞くと何となく胸が弾んだが、それは一瞬のことだった。共生なんていうのは美しい山があり澄んだ水が流れて花が咲き乱れている場所での夢物語だと勝手にイメージしていた。

　都心の四畳半一間のアパートでも共生の実体を生きることが出来るということが我が家の一年の実験で実証された。と私は考えている。

　さあ、今度は君の番だ!!

　レッツトライ!!

　これは本当に楽しいぞ!!

川津祐介プロフィール

1935年5月12日生
出身地　東京都
出身校　慶応大学経済学部　卒業

芸　歴　1958　松竹映画　この天の虹　木下恵介監督　デビュー
1960　人間の条件　小林正樹監督
青春残酷物語　大島渚監督　以後フリーとなる
大映映画　剣　三隈研二監督
東宝映画　沖縄決戦　岡本喜八監督
東映映画　列車大襲撃　若林幹監督
日活映画　けんかえれじー　鈴木清順監督を経て
1999　チーム奥山　地雷を踏んだらさようなら

舞　台　1972　自作　自演　ユウとぶいのり
1975　大阪歌舞伎座　この世の花
新宿コマ劇場　島倉千代子　都はるみ　大月みやこ等の特別公演に出演
三越劇場　虞美人草

テレビ　1964　TBS　佐倉家の青春
ザガードマン
東映　スパイキャッチャーJ3
フジ　くいしん坊ばんざい　第5代目
NHK　朝のテレビ小説等
1979　東海テレビ　テレビ博物館　毎日曜日放送中
日本テレビ　おもいっきりテレビ

著作　わが子に語る　星と宇宙の話し　日本実業出版社
うちゅうとこころが　ひびきあうとき　金の星社
天使よはばたけ　国土社　その他多数

その他　1991~1996　福井県今立芸術館　初代館長
1996~1997　名誉館長

講演　1976　テーマ　未来からの風に聴く
町づくりに1000年の視点を
わが子に語る星と宇宙のはなし
緑と土と水といのち

陶芸　宮下貞一郎に師事　国画会13年連続入選

絵画　1962~2000　ほぼ毎年の個展

ワールドカップに夢をのせて

参議院議員　釜本邦茂

どの世代にも共通することが世の中にはあります。それは他でもない、己れの人生に確かな「目標」、つまり「夢」を持つということです。私はこの世界に身を置き国政というものに携わるようになって久しいのですが、現在とは全く異なる立場で、まだ草創期にあった日本のサッカー界を背負いながらも、一介のスポーツ選手としてグラウンドで毎日ボールを追っていた青年の頃となんら変わるところはありません。

夢見るサッカー少年は、中・高校時代、自分はどこにポジションを置くのか、どんな選手になりたいかを考えました。そして夢を持ち続けることで、後にプロとして活躍する場を与えられました。大人になってからも夢を持ち続けるという態度が変わることはなく、常に自分の目標というものを持ち、自分を見つめ、己れがどうあるべきか、そしてどのようになるべきか、それに対して何を為すべきかということを常に心に留めていました。勿論、チームというものに所属している以上、自分のことだけに目を向けているわけにもいきません。チームの力をどのように伸ばしていくか、そしてそれをどのような形にするかということがいつも心にありました。

達成すべき目標を立て、段階を経ながらそれを実現することに務め、結果的にそれが長期的な目標の達成にもつながっていったのです。——これが大阪の一人のサッカー少年が幼い頃、胸に描いていた夢を自分の手でつかんでいった道程でした。

しかし、スポーツ選手にとって、どうしても超えられない壁というものがあります。言うまでもなく、それは「年令」に伴う体力の限界です。

ある程度の成績を残せば、そこそこ満足する選手にも、「最終的な目標はインターナショナルだ。やはり国際的な選手としてプレイするところまで自分を活かしたい」と思い、実際、世界に飛び出していく人たちにも、自己の質や才能、あるいは技術的な「限界」を感じている人たちにも、等しく、必ずやって来る「限界」です。そして、スポーツ選手には、人生の比較的早い時期に訪れます。多くの人の心を躍らせ、涙さえ流させてしまうほどの感動を与える職業は限られているものですが、スポーツほどこのことが顕著に現れる世界も他にないでしょう。

現役を引退しなければならない時が私にも来ました。スポーツの世界を離れて、次は自分が何をしなければならないか、これまでの自分の人生で培ってきたものをどう生かせばよいかを考えた末の結果が、現在のこの「ポジション」です。——雑巾がけとカバン持ちから始まるこの世界で、どこまでやれるのか。目標を持ち、どれだけの夢を政治に反映させられるか——。私は、今、挑戦の真っ最中です。

ご存知のように二〇〇二年にはサッカーのワールドカップが開催されますが、私は当然のこととして、その諸事に責任があります。運営の仕方から、どのような日本代表チームを作っていくのかまでを考え、現場にいる監督や選手がより良い環境で練習を積み、最高のコンディションで本番に臨めるように、更に日本及び世界のサッカーファンの人たちに心から喜んで頂けるものにしなくてはなりません。

今年、いよいよ西暦二〇〇〇年を迎えました。我々の住む日本も多くの問題を抱えながら、これからの二十一世紀を乗り切っていかなければなりません。平成不況は思いのほか長引き、環境は悪化の一途を辿っています。高齢化社会も確実にやって来ますし、医療費も嵩む一方です。これらがまさに目の前の問題、解決すべき問題だということには変わりはありません。しかし、少し考えてみると私たちの持つ厄介な問題の中には、回避できる種類のものがあることも分かります。将来起こり得る問題を解決するために前もってそれを準備しておけば、事態をより良い方向へ転換することが可能になる状況が確かにあるのです。

例えば、現在の子供たちをみてみましょう。彼らは私たちの子供時代とは違って、それが

現役時代の筆者

現役時代の筆者

何であれ、欲しい物を手に入れるためにそれほどの労力を必要としません。食べたいものを食べ、着たい服を着ている子供が殆どでしょう。一見、恵まれているようにも見えます。しかし、そんな「恵まれている」はずの彼らは、同時に将来の糖尿病患者予備軍ともいわれています。

現在のままの生活を続けていれば、確実にこの生活習慣病が彼らの身の上に降りかかってくると予想されているのです――。では解決策とは何でしょう。やはり、適度な運動と正しい食事の習慣を身に付けさせるということだと思います。ここでは、男の私には食事について語れることがありませんので今回は省かせて頂きますが、ただ言えることは、毎日を塾通いやゲームに費やしている彼らに、週に何回かは青空の下で運動をさせる、

YANMAR

本気で遊べる時間を採り入れることが必要だということです。

若い時代に身体を鍛える、身体を〝創る〟という事は非常に大切なことです。単純に聞こえるかも知れませんが、これが大事なことなのです。病気というものはいつ襲ってくるかわかりません。

来る病は避けられませんが、大病を小病にする事は出来る。心身ともに鍛えておくことでそれは十分可能になります。十年先、二十年先、現在の子供たちが三〇歳、四〇歳になった時のことを考えることが必要です。

「そんなことは後で考えればいい。それよりも今やることがある。今、目に見えてないことにお金を使う余裕はない」というのが大方の意見かも知れません。ところが、それをすることにより、将来彼らのために必要とされるであろう多大な医療費も、大幅に削減することが結果的には可能になるのです。

健康に留意し、元気に壮年期を過ごして幸福な老年期を迎えることを誰しも望んでいると思いますが、その実現のためには、身体を鍛えること、適当なスポーツを楽しむことが大きな比重を占めていることは間違いありません。

Jリーグは、現在「百年構想」という名の下で多くのことを実現していくために力を注いでいます。日本のサッカーにとって必ずや有意義なことが成されると私も期待していますが、ワールドカップに際しては他の大勢の方々の活発な働きも見られます。例えば、地方の自治体や各都道府県が、そして地方都市が巨大スタジアムの建設に取り掛かっています。

全国八十七の市町村が海外からのチームのためのキャンプ地、練習場の招致を希望しています。競技場のフィールドの芝生作りにも最低二年はかかりますが、これも着々と進められています。

それまでスポーツ施設など何もなかった、望んでも何も作れなかった場所に、立派な設備を持った建物や競技場が置かれることになります。

現役時代の筆者

ワールドカップが始まると各国の選手たちの見事なプレーが数多く繰りひろげられ、たくさんのサッカー少年たちが胸を躍らせながらそんな選手たちを見つめるのかもしれません。そして、将来自分もここでプレイしたいという夢を持つことになるのでしょう。

当然のことですが、ワールドカップが終わったからといって、それまでに設置された施設を撤去してしまうわけではありません。地域の人々の生活のなかで活用されていくために、将来にわたってそれを維持していかなければなりませんが、そこのところが大事なことですし、私の「仕事」はこのワールドカップの後から始まるのだと思っています。

これまでの政策のなかで、一般の、いわゆるスポーツ選手でもない人たちが、気軽に毎日の生活の中で、身体を動かしたりスポーツを楽しんだりする場所の設置というものが遅れていたことに対して、今回のワールドカップ開催を、それまでの認識の遅れを取り戻す機会へとつなげていかなければなりません。

実際、学生は学校の体育館で、企業は企業の持つ施設でというように、スポーツを取り巻くこれまでの環境はごく限られていました。しかしこれからは、少子化と高齢化の問題等で、その形というものは、好むと好まざるとに関わらず変わっていくことでしょう。

学生や企業というものに属さない「地域スポーツ」こそが重要になっていくのです。必然的に二十一世紀には、街や市や村にこのシステムを根付かせ、その中から優秀な「選手」を強化していく必要が出てきます。

それではその財源をどうするか、学校なら文部省の予算でやればよかったものを、企業なら企業で担っていたものを、国の政策、あるいは地方自治体の政策のなかで、どういう具体的な手段と方法で取り扱っていくかということが問題になってきます。

勿論、それは私一人で出来ることではありません。国の政策、地方の行政の政策に携っている人たち、スポーツに携っている人たち、そしてスポーツの分野以外のあらゆる人たちを通して意見をまとめて一つのものを実現していかなければなりません。

日本の未来を担う青少年の健全な成長を見守り、将来の日本の活力、力強い日本の原動力を育《はぐく》んでいくこと、この作業を延々と繰り返しながら日本の中のスポーツは発展していくでしょう。このような姿勢を途切れさせないように、心を伝えながら躍進していくのです。

これまでスポーツが身体に及ぼす効果的な影響を中心に書いてきましたが、精神に与える影響も忘れてはいけないと思います。

自分自身を活性化し、時代に追い付いていく順応性と強固な意志を支えることにスポーツは確かに大きな役目を果たします。心身ともにフレッシュであることで「夢」も実現していくのです。身の回りの急激な変化に絶えられずに、多くの若い人たちが、何の目的も持てず町でたむろしている姿を見ていると、私は非常に残念に思います。

「夢」を見ることが大事なのです。勿論、これはスポーツに限ったことではありません。

読者の方々の中には事業をしておられる方もいらっしゃるかと思いますが、会社を創業された頃は、ご自分お一人、あるいはごく少数の従業員で仕事を立ち上げたかと思います。そして次第に、五人、十人、二十人、あるいは百人と、共に働く仲間も増えていったことでしょう。しかし、それでも夢は一向に終わることなく、会社を国際的なレベルにしていくという次なる目標がおありかも知れません。

皆さんがそれぞれの世界で夢をお持ちのことでしょう。個人的なこと、プライベートなことに政治が口を出すことではありませんが、生きる上での指針を持つことができる政治を実行することで、色々な方たちの暮らす環境に対して「テコ入れ」をし、皆さんの夢にお役に立てる事がきっとあると思います。

さて、日常、皆さんは何か身体を動かしていらっしゃいますか。お子さんやお孫さんたちはいかがですか。今度の日曜日にご一緒に戸外にでも出て楽しまれてはいかがでしょうか。そして二年後のワールドカップには是非、皆さんで会場にいらっしゃいませんか？

おわり

釜本邦茂プロフィール

昭和19年4月15日（1944）京都市に生まれる
昭和29年（1954）京都市立太秦小学校4年生でサッカーを始める
昭和37年（1962）京都府立山城高等学校3年生の時ユース代表で初の海外遠征
昭和38年4月（1963）早稲田大学商学部入学、日本代表Bチーム
昭和39年10月（1964）東京オリンピック日本代表
昭和41年秋（1966）関東大学リーグで史上初の4年連続得点王
昭和42年4月（1967）ヤンマーディーゼル（株）入社

昭和43年1～3月（1968）西独、ザールプリュッケンにサッカー留学
昭和43年10月（1968）メキシコオリンピックに出場し、銅メダル獲得。さらに同大会の得点王。日本サッカーリーグで初めての得点王（14点）
昭和45年（1970）日本サッカーリーグ、2度目の得点王
昭和46年（1971）〈全日本サッカー選手権・ヤンマー2度目の優勝〉
昭和48年5月（1973）〈日本サッカーリーグ・ヤンマー初優勝〉3度目の得点王
ミュンヘン・ワールドカップ予選出場
昭和49年（1974）〈日本サッカーリーグ・ヤンマー優勝〉同大会、得点王。100ゴール達成
昭和50年（1975）〈全日本サッカー選手権・ヤンマー優勝〉（得点王・アシスト王）で史上初の二冠達成
昭和51年（1976）〈日本サッカーリーグ・ヤンマー優勝〉同大会、得点王
昭和52年（1977）日本代表チームを引退。ヤンマーの監督に就任（プレイングマネージャー）。　日本サッカーリーグ、得点王
昭和56年11月1日（1981）前人未到、不滅の200ゴール達成
昭和59年2月13日（1984）現役引退を表明。以後、監督専任
昭和60年2月18日（1985）ヤンマーの監督を辞任
平成3年8月（1991）Jリーグ入りが決まった松下電器の監督就任

平成7年1月（1995）　パナソニックガンバ大阪監督就任
平成7年7月（1995）　参議院議員当選
平成10年7月（1998）　(財) 日本サッカー協会副会長就任
平成11年7月（1999）　2002年強化推進本部本部長就任
平成12年2月（2000）　自由民主党副幹事長就任
平成12年2月（2000）　参議院自由民主党副幹事長就任

所属委員会・部会

(自民党) 宇宙開発特別委員会副委員長
(自民党) 教育・文化・スポーツ関係団体委員会副委員長
(自民党) 沖縄振興委員会副委員長
(自民党) 大阪湾ベイエリア開発推進特別委員会副委員長
(自民党) 女性・社会教育・宗教関係団体委員会副委員長

著　書

「熱いハートを燃やせ」(知識社・1000円)
「サッカーの達人」(ポプラ社・980円)
「熱血サッカー読本」(騎虎書房・980円)

座右の言葉　殺身生民

釜本　邦茂　158

公　約

スポーツ文化に力を注ぐ政治の実現
フェアプレイの政治
2002年ワールドカップ日本招致

肩　書

自由民主党副幹事長
参議院自由民主党副幹事長
(財) 日本サッカー協会副会長
元日本代表 (東京・メキシコオリンピック代表)
2002年強化推進本部本部長
JAWOC理事
スポーツ議員連盟常任理事
日韓議員連盟幹事
2002年ワールドカップ推進国会議員連盟常任幹事
大阪市スポーツ振興審議会委員

薬から始まった音楽療法との出会い

薬剤師　ケアマネージャー　吉江福子

東京から関越自動車道に乗り、一時間程で藤岡インターに着きます。そこから、今度は一般道路で高崎に向かう途中、遥かに谷川岳や上毛三山を一望にできるコースに差しかかります。私はそのコースをこよなく愛し、ときには理由なく走ることさえあるのです。右側には裾野の長い赤城山が控え、その中腹に、よく見ると中学校の体育館のような長方形の建物が目に入って来ます。それだけがいつも目立っているように思えるのは、私にとって大切な思い出が沢山詰まっているせいかもしれません。

それは、その建物のそばに、私と音楽療法を結びつけた50人程の高齢者が利用する「ねむの丘」という特別養護老人ホームと「虹の家」というデイサービスセンター（昼間、外から通いで介護を受けられる）があるからなのです。

その施設のある村は、ホウレン草やしいたけ、そして花を栽培する農村地帯で、春になると利用者の持ち寄る花で部屋の中が美しく飾られます。

そこで働いた3年間の思い出は、今でも涙が出るほど懐かしく、暖かく、優しいものでした。長年苦労して働き続けた人生の先輩達。そこから学んだことは多く、中でも、現代社会で失われつつある事柄を発見することもしばしばでした。

公的介護保険の施行を迎え、日本の超高齢化社会については今、多くの人々の語るところとなりましたが、私自身〝福祉と医療の結びつき〟に興味を抱いたのは6年程前の事でした。

そのころ私は調剤薬局に勤務しておりましたが眼科の患者さんの処方箋が多く、その中でも、白内障の手術をした患者さんがよく目薬を貰いに来局していました。

ある日のこと、退院した小柄なおばあちゃんが目薬の説明を聞きながら

「入院中に、先生にいびきの音がおかしいから、薬の副作用かもしれないので大学病院に行ってみたらと言われて、病院に行ったらやはりそうで、薬を変えたら直ったよ」

と話し始めました。その方はたまたま老人ホームに入所なさっていた方でしたが、身寄りのない気の毒な方でした。

「おばあちゃんお薬どうやってもらうの？」

「知らないけど何処からか送られてくるのさ」

「何の薬飲んでいるのか知っているの？」

「全然知らないけどいっぱいあるさ」

「だれが飲ませるの？」

「職員のひと」

「看護婦さんですか？」

「ううん普通のひと」

「……」


〝病院には薬剤師がいるのに何故福祉施設には薬剤師がいないのだろう〟という疑問が私の心にもくもくと湧いて来たのはその時でした。

今でもそのおばあちゃんの歯の抜けた笑顔と、外出のため、目いっぱいおしゃれして付けてきたのであろう赤い口紅の色がはっきりと目に浮かびます。

デイサービスセンターでリハビリ体操をする利用者の皆さん

（1）

「機会があれば福祉で働いて現状を見たい」いつからか私はそう望む様になりました。念ずれば通ず。しばらくして、特別養護老人ホームの建設に協力してほしいという話が舞い込みました。関係者の中に薬剤師がいると都合が良い、という考えの人がいたようで「何とか協力して欲しい」と相談に見えたのです。私にとっては願ったりかなったりの話です。反面、せっかく親しくなった患者さんと別れるのが気になりながら「分かりました」等と安易に引き受けてしまいました。

平成8年4月、どぎまぎしながら老人ホームへ。私はデイサービスセンターの施設長という役目をおおせつかりました。でも、隣接する特別養護老人ホームの薬が気になります。そこで、毎日隣の施設を覗きにいくのが日課になりました。開所2日後、入所3人目のTさんがやって来ました。Tさんはいつも胸が苦しそうでしたが、たいてい広間の椅子に座り、テーブルに頭をつけていました。

「だいじょうぶですか」と話し掛けるといつも微笑んで答えてくれるだけの人でした。いかにも血液の循環の悪そうな紫色をした唇。気になって、持っている薬を見たら10種類もの薬を飲んでいます。看護婦の話では心臓に水が溜まる病気とのことでした。

この事は、私が想像した以上に福祉施設の中に病気を抱えた人達が入所しているということ、そのため、医療と福祉の連携が焦眉の急であるということを実感するのに十分でした。そして、それを裏付けるかのように、その人が亡くなったという話を耳にしたのはそれから2カ月後のことでした。

私の受け持つデイサービスセンターはこのような人から比べると元気で、自宅から通える人をお預かりするのですがその方々も、半数以上の人が薬を服用していました。そのせいか、赴任当初は服薬のことばかりが気になりました。その問題は今でも解決していません。

デイサービスセンターでの運動会

しかし一方、その前から私にはもう一つの夢がありました。「施設にピアノを置く事」そして一日中音楽が聞こえるような施設を作る、という夢です。なんとか実現させたいしたいそのころの私は、会う人ごとに、相手かまわず「施設にピアノが欲しいのです」と言って歩いていました。

施設から、車で10分足らずの所に〃へそ祭り〃で有名な渋川市が隣接しています。その駅から近い所に、シャンソン歌手の芦野宏先生が、自費を投じてお作りになった「日本シャンソン館」という記念館があります。そこに行くと、フランスの街のような別世界があり、土曜日、日曜日はシャンソンの生の歌声を聞き、ハーブティーを飲みながら「モネの庭園」のような花々を眺めることが出来ます。

ある日、ピアノのことで、そこでレッスンを受けている一人の生徒さんを紹介され、私はその人に会おうとシャンソン館に出掛けました。その日は、たまたま芦野先生がお見えになっている日で、はからずも先生にお目に掛かる機会が与えられました。

ところで、今になって考えても、何故、全く初対面の先生に

「先生、私ピアノを探しているのです」

等と図々しく私の口から出たのか分からないでいますが、思わずこういった台詞が出てし

まいました。でもこの瞬間が確かに私と音楽療法との出会いだったのです。

（2）

「うーん約束はできないけれど、時間を頂戴」

これが最初の先生のお答えでした。それから2カ月、私の携帯電話に先生からの声で
「ピアノが見つかったので何とかなりそうですよ」

というお返事を戴きました。

施設の上層部には「シャンソン等、年寄りに分かる訳がない」という反対意見が多数ありました。ピアノはシャンソンだけしか弾けない事ではないのに……と、この時ばかりはどうしても諦める訳にはいきませんでした。シャンソン館の一階のピアノが施設に引っ越して来たのはそれから間もなくでした。部屋にピアノが置かれた時、大きな窓から見える榛名山を背景に、白いレースのカバーは部屋の雰囲気を大きく変えました。

「記念に音楽会をしよう。慰問が大好きなお年寄りのために」。

私の長女の通う群馬大学教育学部付属中学校は県内では屈指の合唱団がある学校です。

ピアノ贈呈記念音楽会で合唱を聴く利用者の皆さん

そこで、私は先生に施設の慰問をお願いに行きました。嬉しいことに、学校側は慰問を快く引き受けて下さいました。その時

「お年寄りが、若い人と一緒に歌えれば素敵だろう、そのためには、合唱団を作って……」と考えた末に選ばれたのは、日本の〝さくら

さくら〃の歌でした。

「みんなで合唱団を作りましょう」等といってはみたものの、誰も楽譜を読める筈はありません。

センターの中には、農家にお嫁に来て一度も歌を歌った事のない人も沢山いました。でも、なんとかそれらしく見せようと、まず職員の協力で譜面を作りました。さくら色の紙に、大きな平仮名で〃さくらさくら〃と書きこむ事から合唱団作りは始まったのです。

歌の練習は毎朝10時から始まります。まずは背筋を伸ばす練習からです。嫌がる人は一人もいませんでしたが一ヶ月ほど経過するころにはお年寄りの中からは「みにゆかん」の所は「みーにーゆかんと歌うのですか？」等と質問する人も出てきました。いよいよ発表会の始まりです。シャンソンのレッスン生と合唱団の歌声は、普段は寂しい施設を華やかなものにしてくれました。皆で歌った〃さくらさくら〃の歌も大成功に終わりました。帰りがけに参加した私の娘が、友達と駆け寄り、

「お母さん、お年寄りの人が体を斜めにして手を動かしていたので病気だと思って見ていたら、音楽が終わると同時に止まったの。指揮をしていたんだね」

と興奮して話してくれました。娘の感激した顔を見た時、私の心の中で「施設に音楽を」

という気持が大きな夢にふくらむのを感じました。

合唱団も終わり、次に何か新しいことを考えなくてはなりません。さくらさくらの音楽を利用して何か出来ないかと念じつつ、次に思いついたのは曲に合わせた体操を作る事でした。車椅子で出来る体操と音楽のオリジナル版を作れないかと考え、体に無理のないようにと私は簡単なリハビリ体操のマニュアルを作りました。

（3）

毎朝同じ時間にピアノに合わせて体操をしていると、高齢者の中から、音楽を聞くと自然に一定の動きが出て来るようになりました。私がピアノに向かうと、椅子を私の方に向ける人、姿勢良く両手を伸ばして待っている人。今でもその姿が懐かしく目に浮かびます。

そのころの私は古いピアノではあっても、そのお陰で、利用者が生き生きしてくるのを、弾いているピアノの透き間から覗くのが大好きでした。そして日常の中に音楽が増えると共に、カラオケを歌う人も増えてきました。家族の話によると、ひそかに家でカラオケの練習をする人もいたようでした。毎日さまざまな音楽の試みをするうちに、お年寄りにとっていかに音楽が大切であるかということを感じるようになりました。

施設の近くに発電用の貯水池があり、春になると桜の名所として近隣の見物客で大いに賑わう場所があります。仕事場から帰るためにそこを通り抜けようとした時、偶然にＦＭラジオから日本の音楽療法のことが流れてきました。

聞いているうち、専門学校がこれから出来ること、日本における音楽療法の歴史について。そのとき私は、初めて音楽療法の本当の意味を理解したのでした。きちんと音楽療法を学びたい。そして施設の職員の皆さんにも音楽療法を理解してもらい、それを浸透させたい……と強く願うようになりました。

現在日本で認定を受けた音楽療法士はまだ３００名足らずで、研修機関も少ない状態です。しかしこれから沢山の音楽療法士が育ち、医療職と、音楽家と、福祉で働く人が音楽を通して連携できればこんな力強いものはないと思います。

僅かな私の経験だけでも音楽の効果ははっきりと見えたのですから。それから私は、なんとか音楽療法を学ぶ機会をこの地で作りたいと考え始めました。それができるのもそう遠くないことかも知れません。

この度、一年振りに施設を訪れ、話をする機会を作りましたが、懐かしいお年寄りの中から二つの嬉しい言葉を戴きました。

「ピアノが空いているから弾いておくれ」

そしてもう一人の
「生きていれば会えるんだね」

という嬉しそうな言葉。

「ごめんね。今度はもっと沢山の音楽のお土産を持って遊びに来るからね」

と心の中で私は答えながら施設を後にしたのでした。

吉江福子プロフィール

1950年僻地医療に携わる内科医の長女として生まれる
昭和大学薬学部卒
病院、調剤薬局、福祉施設等勤務後、医療・福祉の連携のための活動を始める。
現在、薬剤師・介護支援専門員・群馬音楽療法研究会事務局長

人間としての基本を大切に

女優　中原ひとみ

最近、各地に講演に行く機会が多いのですが、この間も、心を育てる「本も友だち二十分間運動」という催しに呼ばれて鹿児島に行きました。生き方を学んだ二冊の本を紹介し朗読するのが私の役目で、『姉妹』と『女と刀』の一部を読ませて頂きました。『姉妹』は四十五年前に私が出演した映画の原作本で、昭和二十九年度の毎日出版文化賞を受賞した畔柳二美さんの作品です。『女と刀』は明治・大正・昭和を生きた薩摩郷士の女の一生を描いた中村きい子さんの作品で、やはり私が三十一才の時に、テレビドラマで十七才から八十五才までを演じものです。当日会場の鹿児島市中央公民館はいっぱいの人で、熱心に朗読を聞いて下さり、そして二つの作品から私が学んだ「何事にも正面からぶつかっていく姿勢が大切。前向きにきちんと生きて行けばどんなことでも自分の栄養になる」という考え方に熱い拍手を送って下さいました。

『姉妹』は山奥の発電所勤務の父母の下を離れ町の学校に通っている姉妹の物語で、私が演じたのは〝近藤のチビ〟という意味で、コンチと呼ばれる女の子の役でした。当時の私はどちらかというとひ弱でおとなしい性格だったのですが、コンチは明るくエネルギッシュで、思ったことをはきはき言う天真爛漫な娘という設定でした。撮影の現場では、監督をはじめ全スタッフが私をコンチ、コンチと呼んで下さり、おかげで私はすっかり暗示にかけられて、仕事を離れても家族が驚くほどに性格が変わってしまったのです。精神的にもまだ子供だった私は、自分の考えや生き方といったものをはっきりとは持っていなかったのですが、コンチのように生きて行こうというのがそれからの私の目標になりました。

この映画は独立プロの作品でした。当時独立プロにいた人達は本当に映画が好きで、でもなかなか仕事がなく、ですから撮影に入ると、現場はいつもみんなでいい作品を創ろうという熱気に溢れていました。私達役者は、そんなスタッフの「気」をもらって演技をさせて頂いていたのですが、まだデビュー間もなかった私は、この現場で、作品を創る姿勢とか、俳優という仕事の楽しさや厳しさといったものを学ばせて頂きました。そうした経験から見ると、今の、特にテレビの視聴率第一主義と思えるような番組作りは残念でなりません。人のプライバシーに平気で踏み込んだり、他人の不幸を見て面白がったり、いわゆる「やらせ」をしたりと、目や耳を覆いたくなるようなことが「視聴率さえよければ」という考えのもとにまかり通っているように思えます。私は普段、見ていて気持ち悪くなるような内容の場合には、チャンネルを変えたり、スイッチを切ってしまったりするのですが、仕事がらどちらかというと創る側にいるわけですから、自分に対しても人様に対しても恥ずかしくないようにしようと日々自分に言い聞かせています。

映画『姉妹』の中で河野秋武さんが演じられた父親は、生き方が不器用で誠実なキャラクターという設定でした。勤めている山の発電所で合理化による首切りが行なわれ、そのことで、娘の私に修学旅行をあきらめさせるというシーンがありましたが、そこでこう言います。

「今年はこの山からも三人もクビ切りを出してるんだ。子供を旅行にやれないどころか、学校をやめさせた家もある。よそはよそ、と言ってしまえばそれまでだが、気持ちの問題なんだ。父さんはそういう性分の人間なんだ」。私はこの言葉をコンチとして聞きながら、役を離れた一人の人間としても深く心に刻みました。今も映画の中の父親の言葉を肝に銘じているわけです。

私の実際の父親は神仏具彩色の職人でした。身長は昔風に言えば五尺三寸、やせ形で仕事がらか少し猫背気味でした。若い頃には寿司屋の職人や露店の櫛売りをしながら日本画家を目指していたらしく、古村翠雲先生の一番弟子だというのが自慢でした。が、家の周囲に仏壇屋が軒を並べていたこともあり、結局は人に勧められて神仏具彩色の職人に落ち着きました。

また、入れ墨師の友人に頼まれてその下絵を描いているうちに、お前も入れてみないかと誘われ昇り竜を背中に彫ったのですが、途中で気が

変わり筋彫りだけに終わってしまったということで、その若気の至りの残骸を、私たち子供の目に触れさせないようにと夏でも長袖のシャツを着て仕事をしていました。

お酒が大好きでご飯はほとんど口にせず、冬は湯豆腐、夏は冷奴、お味噌を造る前の蒸し大豆にネギ・芥子・青海苔を添えたもの、そしてマグロのネギマ等々お気に入りの肴を自分で作っては私達子供にも食べさせてくれました。面倒見のいい人で、終戦直後は全然知らない人を何人も狭い家に同居させていましたし、物乞いさんが来ると必ずいくばくかのお金を渡して、「こんにちは」「さようなら」「また来なよ」と丁寧に声をかけていました。当時よく見かけたゴム紐売りの人達についても断ったことがありません。

ラグビー、ボクシング、野球が好きというハイカラな面があり、帽子に凝っていましたが、自分では買いに行かず欲しい帽子の絵を描いて見せては母に行かせていました。古式泳法が得意で、隅田川でよく模範演技をしたらしいのですが、一度溺れかけたことがあって母親に反対されてからはきっぱりとやめたということです。

今から思えば江戸の粋を生きていた最後の時代の人だったという感じがします。ほろ酔い加減になると口三味線で都々逸を唄って聞かせてくれたり、清元の「神田祭」を口ずさんだりしていました。根っからの下町の職人気質で口数が少なく、私達子供にもめったに小言を言わなかったのですが、そんな父の口癖は「他人様に迷惑をかけるな」でした。

私は、十七才の時東映のニューフェイスになりましたが、二十才の時に日活からの引き抜きがありました。スッタモンダのあげく結局は東映に残ることになったのですが、その時ギャラ交渉のため家に来られた会社の人に、父は「こんな小娘に、お金をたくさん渡さないで下さい」と答えたのです。

少しでもたくさんのお金を、というのが今の考え方ですが、こんな父の考え方を、当時、私はもちろん、母もなぜか当然のことと受け取っていました。そして、私にとってはこれがお金にまつわる初めての出来事でしたから、その時の父の言葉がその後もずっと心のどこかに生きているのです。こうして、映画の中での父親の言葉や実際の父親の考えが今の私を作ってくれたのでした。

私も男の子と女の子の二人の子供を育ててきましたから、子育ての難しさはよくわかっているつもりです。ただ最近のニュースを見ていますと、無責任な親のせいで幼い子供が犠牲になっている事件があとを絶ちません。

赤ん坊を真夏の車の中に閉じ込めてパチンコに夢中になっていたために死なせてしまったとか、子供を家に閉じ込めて食事も与えず親が何日も遊び歩いていたとか、人間として

考えられないようなことを平気でやってしまう若い親達の身勝手さには怒りさえ覚えます。

最近チワワという犬を二匹飼い始めました。そして更にラブラドールを飼うことにしました。一匹のチワワはペット屋で買ったオスの子犬で、もう一匹はその半年後に知り合いからもらったメスの子犬です。この二匹はこれが同じ種類かと思うほどに性格が違うのです。ペット屋で買ってきた方は、いまだにオドオドとしていて食も細く、人に抱かれるのを怖がって暴れます。ところがもう一方は、最初の二・三日ほどこそおとなしかったのですが、すぐにやんちゃぶりを発揮して誰にでも慣れ、じゃれついて嘗めまわします。

私なりの見方はこうです。ペット屋の犬は、生まれたばかりで母親から離されてオリに入れられ孤独と不安の日々を送り、時にお客から乱暴に触られたりして恐怖を味わい、生きることの自信を失くしてしまった。一方は、私の家に来るまでに充分母親から乳をもらい兄弟たちともじゃれ合い、犬好きの飼い主にかわいがられ、生きることの喜びと他者への信頼を学んだ。そこで今回、早くに親から離された子犬でも、大きな犬と一緒になると、徐々に落ち着いてくるというのを聞き、ラブラドールを飼うことにしたのです。その結果、臆病な方のチワワも、少しおだやかな顔つきになってきたようです。

思えば、結婚前にチンを飼いはじめて以降、エアーデルテリア、プードル、ブルドック、マルチーズ、トイプードル、シーズ、ピレネー犬、雑種、キャバリアキング・チャールススパニエルとずいぶんたくさんの犬とつき合ってきました。多い時には六匹の犬たちと住んでいましたが、それぞれに顔形はもちろんのこと性格も違っていました。例えば、唯一の日本犬だった雑種は、瀬戸内の倉橋島でドラマのロケがあった時に出演した子犬で、撮影が終われば保険所行きだというのを聞いてかわいそうになり連れて帰って来たのですが、以前から家にいた犬たちに気を遣い、まるで自分の立場をわきまえているかのようでいじらしいものでした。

もちろん、犬と人間を同列に話すことはできませんが、犬達を見ていると考えさせられることが多々あります。先のような児童虐待のニュースに接すると、被害にあった子供の将来やその子達がつくる社会について怖いような感じさえします。

「心を育てる人間関係には三段階ある」と聞いたことがあります。第一段階は子供から見た大人、中でも親との関係で、ここで「信頼」の心が育つと言います。第二段階は自分よりも小さな子との関係で、どうすれば小さな子から尊敬されるかを考えることで「自制心」を育てると言います。そして第三段階は同年の子との関係で、前段階までに育まれた信頼と自制心を基に他者と接して「自己認識」を育てるというのです。正しい自己認識を持てないと人格崩壊や性格破綻に陥るというわけです。今の世の中に即して言えば、第一段階で児童虐待、第二段階で少子化、第三段階でいじめと、どこにも救いがないように見えますが、とにかく先ず子供たちの心に「信頼」をと、世のお父さん方お母さん方にお願いせずにはいられません。天に唾するように、先々自分たちに跳ね返ってくるのは確実なのですから。

鹿児島の話しに戻りますが、会場を出る時大変な握手攻めにあい、大勢の人が外まで見送りに出て来て下さいました。私達俳優には仕事を通じて様々な人との出会いがあります。監督をはじめスタッフや共演者等直接現場で出会う人達は勿論のこと、デビュー当時から変わらぬ声援を送って下さり今では親戚づき合いをさせて頂いている方もいます。

今度のように何十年も前の仕事が機縁で未知の方達と楽しい時間を過ごすこともあります。これは『姉妹』や『女と刀』という作品そのものの力とも言えますが、仕事に対する自分の心がけや人間としての基本を大切にしたいという想いが、結果的にいい出会いをもたらしてくれるのだと信じています。

’99.10.26越廼村にて講演の折り——中央は筆者

刀禰麒一村長（左）　　朝倉不二夫教育長（右）

中原　ひとみプロフィール

昭和11年7月22日生
出身地　東京都　上野
芸歴　昭和28年　第一期東映ニューフェイス

〈代表作品〉

映　画　「姉妹」「米」「純愛物語」「森と湖のまつり」「子供の頃戦争があった」「泰三」「大霊界2」「シャイなあんちくしょう」他

テレビ　「女と刀」「ただいま11人」「肝っ玉母さん」「炎の旅路」「わたしは海」「祭りばやしが聞こえる」「まどう」「ある晴れた日に」「真夜中の匂い」

NHK連続テレビ小説　「君の名は」　NHK大河ドラマ　「琉球の風」「されど、わが愛」「おいしい関係」

花王愛の劇場　「勇気をだして」

NTV　「おもいっきりテレビ」　準レギュラー

金曜ドラマ　「週末婚」　TBS系'99

ドラマ30　「ああ嫁姑―ヨメの反乱―」他

舞　台　アガサ・クリスティ劇場『ホロー荘の殺人』

93サンシャイン劇場　『Ｃｏｃｋ―ａ―ｄｏｏｄｌｅ―ｄｏｏ』

'93　東京芸術劇場他　『たそがれ色の微笑』

'95　名鉄ホール　『リア王』

'97　サザンシアター他

音楽劇　『ブッダ』（'98　新国立劇場）

著　作　『歩……これからはいつも一緒よ』（'91　近代映画会社）

『髪は洗い方で生き返る』（'98　ＫＫベストセラーズ）

命のフィナーレは誰が演出するのか

坂下緋美

人は必ず死に至るということが判っていても、誰にも自分の最後の時間までは知ることができない。それだからこそ、人は命尽きるまで希望がもてるのかも知れない。

そして、人はやがて命の火の消える日が近づくと、本人がそれを意識している場合にも、そうでない場合にも、親しい者に何某のメッセージを送っていたりするのですね。私のこれまでの人生で、そんな例をいくつか体験しましたが、それらを振り返ってみました。

念じて通じて、天国まで親友

母と母の親友しなさんは、色々な面で気が合い、共通部分も多く、母八十九歳、しなさん九十五歳と、共に長寿を全うしました。

若い頃、苦労の限りを尽くした生い立ちを持つ二人は、共に連れ合いを早く亡くしたにもかかわらず、少々のことにもへこたれない強さがありました。お互いを、「おあさはん」「しなやん」と呼び合い、どちらも御詠歌が大好き。

また三波春夫や村田英雄の歌を大きい声で、歌っては、仲間を楽しませる二人でもあったのです。

そして、そんな二人の結びつきを、もっと強くしていたのは、町に通夜がある時、二人は揃って御詠歌の音頭だし（導師）をしていたことです。わが町では、当時、通夜には、西国三十三番札所の御詠歌を、参列者全員で唱えるのが習わしでした。声の大きい二人は音頭だしの役にぴったりでした。

二つ年下の母がひと足先に他界しました。その頃、しなさんも足が弱くなり、息子さんたちが遠隔地に住んでいることで、土地の養老院に入ることになりました。私は時々、そんなしなさんの顔を見に行き、二人で母との思い出話をしたりしていました。

その母が逝って四年目、二月のある夜、私は珍しい夢を見たのです。生前、養老院には入らなかった母なのに、夢の中では、養老院にいる母になかなか会いに行けず、苦しんでいる私がいたのです。目を覚ました私は、「こんな変な夢をどうして見るのだろう」と、思った時、はっと気付きました。

　実は、何ケ月前から、しなさんが、以前の養老院より遠い、別の養老院に移っていたので、しばらく会いに行けなかったのです。そんな私に、母が「しなさんに、早く会いに行ってあげないと、もう会えなくなるよ」と、忠告してくれた気がしたからです。しなさんは既に九十五才にもなっていたのですから。

　思いたったら、じっとしていられない私は、親友に夢の事情を話し、「あなたも一緒に慰問に行く？」と誘った。親友もしなさんのことをよく知っていたので、懐かしい顔が、一人より二人の方が喜ぶと思ったからです。親友は喜んで同調してくれました。

　早速車を走らせると、しなさんは思いのほか元気でした。老人ボケもなく、同行した親友のことも良く覚えていて、「遠いとこやのによう来てくれて、おおきに、おおきに」と、合掌し、こちらが恐縮するほど喜んでくれたのです。九十五才の顔は柔和で、まるで仏像のようでした。でも、いつもと少し感じが違うのです。しなさんは、急に「もう、あの世からお迎え来てくれたら、ええんやけど。わしも少し長生きし過ぎたみたいや」等と気弱なのです。

「おばちゃん、あの世には、そんなにあわてて行かんでもええで。おあさはんが、天国で、しなさんの場所取ってくれてるからね。おばちゃんは、一日でも長生きして、おあさはんに土産話をいっぱい持っていってやってな」と私が言うと、「そうや、わしとおあさはんは、無二の親友やったもんな」と、笑ってくれました。

そんなやりとりは、以前母ともよくしたことを思いだし、どこまでも似ている二人に苦笑いでした。とにかく、久しぶりにいい顔のしなさんに会い安堵の気持でした。帰り際、しなさんは私達の姿が見えなくなるまで、合掌していたのです。その姿に同行した親友も恐縮しきりで、「今日は私の方の心が救われた」と言ってくれました。

それから、一ケ月半程して、しなさんが亡くなったことを知りました。聞けば三月二十日に親族で葬式を行ったというのです。私は驚きました。母もまた四年前の同じ三月二十日に葬式をしていたからです。命日は一日違いではあるが、この二人、なんと葬式の日まで同じくしてしまったのです。

生前二人は、弘法大師講で御詠歌の稽古をしながら、「わしら、死ぬ時は彼岸の季節がえな」「いっそなら、お大師さんの月がええな」（弘法大師・三月二十一日入定）と言い合っていた。仲間の一人が「あんたらは数えられんほどの通夜で念仏を唱えてるんやさかいに、お大師さんが、きっと二人の望みを叶えてくれるよ」と言っていたのを、冗談の会話のように思っていた私でした。

偶然にしては不思議なことでした。私には見えない何か大きな力が働いたのかもしれません。よく「念ずれば通うず」と言われますが、念じて通じて、きっと二人は、天国でも無二の親友であるに違いないのでしょう。

命のフィナーレ、初日の出と共に

生前、漁業組合長と町会議員の職にあった私の二番目の兄は、日々多忙で、直腸ガン摘出後も精力的に仕事をこなしていました。当時は、私自身も多忙で、同じ町内に住む兄とは年に一、二回しか会うことが出来なかったのに、その兄が、ある日ふらりと我家に立ち寄ったのです。

久しぶりに、お互いの顔を見ての会話は楽しく、時間の経つのも忘れるほどでした。そんな中、兄はしんみりと、「今日、おまい（相手を呼ぶ方言）と一生分の話をしたみたいやな。おまいが日頃おふくろ（当時八十八才）を看てくれるので、ほんまに有り難く思ってるんや。おおきにやで。これからも頼むな」と言うのです。当時、私が高齢の母と共に暮らしていたことは、自然の流れと感じていたので、特に問題意識はなかったのです。

　それ以上に、私の方が兄に対して、常々、感謝の気持を持ち続けていたのです。あの終戦の次年（昭和二十一年）の南海大震災時、津波に巻き込まれた私（当時五才）は、この兄によって命拾いしたのですから。もし、運が悪ければ、今頃、私は仏壇の中で戒名を記され、既に五十回忌法要が営まれていたことになります。人の一生の運命の分かれめの運、不運を思う時、あの半世紀前の出来事に、今更ながら背筋の氷る思いがしてきます。

　だから、そんな兄との久しぶりの語らいは嬉しく、八十八才の母も加わって、共に心安らぐ時間でした。そして、そんな幸せな気分が、まだ冷めやらない僅か数日後、なんと、またもや兄が訪れたのです。

　私が「へえー、兄貴が続けて二回も来てくれるなんて、めずらしいことや。あした雨振るんとちゃうか」と言うと、兄は、「この前おふくろの顔を見ていたら、元気が湧いてきたから、もう一度、あやかりにきた。おふくろは高齢でも、いっつも朗らかで羨ましいよ。『おあさはん』と、皆に呼ばれることだけあって（母の名前はアサ）、まるで、朝の日の出みたいなもんやな。百まで、しっかり長生きしてくれよ」と言ったのです。この時既に、

兄（当時14、5歳の頃）が最も好きだった母と一緒の写真

兄はガンのことを知っていたから、その心の内を察すると、私は、すぐには、返す言葉を発せられませんでした。

一方、兄のガンのことを知らない母は、「おまいの方こそ身体の方はもうええんか。忙しいのもええけど身体は大事にさんせ」と言い、八十八才になっても、子を心配する母親の姿に少しジーンときました。

その二、三日前話したばかりでも、話は尽きることがなかったのですが、日頃せっかちな兄が、珍しく、この日はゆったりしていて、若い頃、母には多くの心配かけた等、兄の心の奥まで聞かせてくれたのです。

そんな中、ふと母が用で席を立った時、兄はごく自然に母の背に向かって、軽く頭をたれ、そして合掌したのです。その姿に、私はどきっとし、思わず「あっ、外で音がしたみたい。誰か来たのかな」と玄関に向かいました。私には、まるで自分の死期を悟った兄が、母と永遠の別れをする為に会いにきたかのように見え、まともに兄の顔を見ることができなかったからです。

そして、数日後、兄は再入院し、その二ケ月後、平成七年一月一日の夜明け前、遂に帰らぬ人となったのです。まさに、あの日が母との最後の別れであったのです。

兄の家族と共に、病院で、兄の最期をみとることになりましたが、静かに息を引き取る兄の姿に、あの日覚悟を決めて母に会いに来た兄の姿が重なり、悲しみではない、何かもっと大事な感情で胸が痛くなるようでした。

とにかく一分でも早く、自宅の畳に寝かせたい気持ちで、家族と共に、まだ温もりのある兄を車に乗せ、自宅に向かいました。そして、十分程走った頃、なんと車の前方に、美しい日の出が、パノラマのように広がっていたのです。「兄貴、初日の出や。初日の出やで。見えるか？　よう見ときや」と、兄に呼びかけていました。臨終の時、奥に収めていた涙が、この時、車のハンドルを握りながら、どっと溢れて止まりませんでした。

ついこの間、母を日の出みたいだと表現した兄、自分の命のフィナーレに、まるで、その母の懐に抱かれるが如く、美しい初日の出に出迎えられる兄は、何と幸せ者かと思いました。こんな憎い演出をしたのは誰でしょうか。

私は信仰心も弱く、いい加減さのある人間だと思っていますが、この自分の身近で遭遇した、いくつかの例を見るとき、何か見えない大きな力を感じない訳にはいきませんでした。

合　掌

坂下緋美

昭和16年6月6日、和歌山県・印南生まれ
人形に興味を持ち、東京・人形美術協会で学ぶ。その後ふとした縁から、独自の個性美学理論を持つ恩師・故松島茂雄氏に出会う。師より美学、きもの着付け、時代着付け、ヨガ健康法などを学びその組織活動に入る。
この間、師の影響で、多くの外国との交流親善を体験し、言語や習慣の違いはあっても、人の交流に国境はないことを学ぶ。後、高齢の母介護の為退職。母を無事見送り（89才永眠）、現在、紀州の自然の中で、師の心の旅を探究しつつ、きものやヨガ、又人形にふれながら、地域の仲間との交流を楽しんでいる。

恋はロッキーのように

タレント　渡嘉敷勝男

僕がボクシングの世界ランカーになって、二ヶ月目くらいの時、運命の出会いがありました。ちょうど具志堅用高さんの引退発表の頃、僕が二一歳の時です。

当時僕は、付き合っていた女性（三人目）に振られたばかり。ショックで落ち込んでいて、絶不調になっていました。

そんな折り、ボクサーとして世界挑戦をすることが決まり、参考になるようなビデオがあるので見に来るように、と事務所に呼ばれました。そこでビデオをセッティングしていた女性に、僕はガツーン！　と、完全にいかれてしまったのです。

文字通りの一目惚れで、僕は彼女の頭の先から足の先まで、もう目が離せなくなってずっと見続けていました。顔は前を向いているのですが、目線は斜め前の彼女の方に行きっぱなし。

　会長が、「あの世界チャンピオンは、ハードパンチャーだ、やっぱり左ストレートがどうのこうの」なんて言っているのですが、まったくの上の空。ふと気がつくと、ビデオはもう終わっていました。それで、「これもういっぺん見たいので、貸して下さい」なんて、持って帰ったりしました。


　それから、具志堅さんの引退発表の記者会見があり、パーティが開かれたのですが、そこに彼女がまた来ていたのです。

　先輩達から、「あの娘、いいだろう」とか言われて、僕はクールを装って「いいっすねー」なんて答えるんですが、もう頭の中ではどうやって彼女とツーショットになるか、そればっかり考えているわけです。

　それで、パーティが終わって会場から一歩出たとたん、彼女が前の方にいるのが見えたので、僕はダーッと走っていって、「早くエレベーターに乗ろう」と彼女の腕をつかまえて強引にエレベーターに乗り込み、目ざとく見つけた先輩たちが「渡嘉敷、お前らだけでどこへ行くんだ」と追っかけてくるのに気づかぬふりで扉を閉めて、とっとと階下に降りたのでした。

まずは脱出（抜け駆け）成功！「早く、早く！」と彼女をせき立ててタクシーを拾い、風のように（？）走り去ったのでした。まあ俗に言う、「拉致った」というところです。彼女もびっくりはしていたようですが、嫌がらずに、「はいはい」という感じでついてきてくれたからできたことですけど。

「どちらの駅ですか？」と聞くと、「綾瀬です」という答え。会場からずいぶん離れているところでしたが、なんと、僕も綾瀬に住んでいたのです。駅のあっちとこっちというところに住んでいることが分かって、「もうこれは運命」といいますか、赤い糸というのを意識しました。

タクシーの中で、僕は抜かりなく電話番号を渡していました。「信じています」というようなメッセージ付きです。もちろん、「また会いたいですね」と、彼女の瞳をのぞき込むのも忘れませんでした。先輩たちがみんな、「彼女、いいよね」っていっていましたが、そんなことを気にしていたら恋のマッチにも勝てません。蝶のように舞い（彼女を拉致る）、蜂のように刺す（お付き合いをする）、やっぱりこれですよね。

その日は彼女を送って僕もそのまま帰ったのですが、果たして三日後に彼女から電話がかかってきました。僕はもう感激して、「ありがとうございます」というと、「私もお約束は破れませんから」という答え。

それからすぐにデートして、付き合うことになりました。

当時、社内恋愛は御法度だったので、もうひた隠しです。僕の大親友に、ジュニアライト級、今のスーパーフェザー級の世界一位のジム仲間がいたんですが、そいつと付き合っているように見せかけていました。

そして、付き合い始めてから三ヶ月後、それは世界挑戦をする一ヶ月前だったのですが、女性や好きな食べ物をいっさいストップするんです。対戦にすべてのエネルギーを集中するため、遊ぶこと、好きな女性と居ること、好きな食べ物、お酒、全部断つ。

いよいよ彼女と会えなくなる前の日に、綾瀬駅前の喫茶店に彼女を呼び出しました。そして、彼女の目を見据えてこう言ったんです。「つぎは、世界戦の会場で会いましょう」と。

彼女は僕が世界チャンピオンという夢を追っていることを知っている。一ヶ月前からすべてを断つということも、よく分かってくれていたんですね。

そして、固く握手をして別れました。

一ヶ月後、運命のチャンピオン戦。精魂こめて闘った僕は、ついに世界チャンプになることができました。

直ちに控え室で記者会見があったのですが、僕がインタビューに答えている時、控え室の扉がバッと開かれて、彼女の顔がチラッと見えたんです。

あれほど会いたくて会いたくて、夢にまで見た彼女がもうそこにいる。

そして、彼女がポロッと涙を流した。もう、僕も辛抱できなくなって……。万感胸に迫るというのはこのことですね。そんでもって、どうにも涙が止まらなくなりました。ロッキーが、「エイドリアーン！」って叫んだあの感じ。

翌日のスポーツ新聞に、でかでかと見出しが踊っていましたよ。「渡嘉敷、世界制覇に男泣き」って。すっかり勘違いされていましたが、まあいいか、と。

それからも、「ロッキー」を地でいくような恋でした。

チャンピオンになってからは、彼女は事務所をやめ、別のところで働くようになったため、もうこそこそと隠れて付き合う必要もなくなりました。正々堂々とした付き合いになったのです。

いま思っても、あの頃が、僕の人生で一番輝いていたように思えます。

それからも試合はやりましたから、その度に一ヶ月会えなくなるのです。仕方なく、ラブレターのやりとりをしていました。「あなたがいたから僕がいた」っていう雰囲気で超盛り上がって、二、三十通は送りましたね。当時、流善二郎という漫画があったのですが、それにあやかった流拳三っていうペンネームまでつけて、もう歯が浮きまくるようなことを書きとばしていました。

十日間の合宿なんかあると、ホテルから毎日電話してました。彼女と話していたくって、電話を切れなくて、朝の三時、四時まで喋っているんです。電話代が十万円も二十万円もかかってしまいました。

それなのに、朝六時には起きて、走るんです。三時間ぐらいしか寝てないんですから、もうフラフラなはずなのに、気力は充実しているというか、やたら元気でした。

とにかくロマンティックな気分で、毎日がラブラブでした。彼女と付き合っているから負けたんだって言われたくなかったから、やたらに張り切っていました。彼女には絶対に恥をかかせたくなかったんですね。

「あの娘のためにも、勝たなけりゃ」と気合いの入った毎日でした。

彼女と付き合って四年、僕と彼女はめでたくゴールインしました。途中、二年ぐらい彼女を泣かしたこともありました。負けた後、へこんでしまって、浮気に走ったことや、彼女につらく当たったこともあります。

でも、彼女はいつでも僕のそばにいてくれたように思います。

結婚してから十四年、知り合ってからだともう十八年も、僕らは一緒にいることになります。現在十二歳になる、可愛い娘もいます。

二人のラブレターは今でも大切に箱にしまって、僕らの宝物になっています。二人のラブストーリーも、今ではとても大切な

筆者近影

思い出です。
　でも、一番の宝物は、今、家族が仲良く幸せに暮らしているということ。
　この宝物は、いつまでも大切に守っていきたいと思っています。

渡嘉敷　勝男　とかしき　かつお　プロフィール

1960年7月27日生
出身地　沖縄県生まれ　兵庫県宝塚市育ち
ボクシング引退後、TBS『風雲たけし城』に出演し、「トカちゃん」の名で全国のお茶の間に登場、人気者となる。
テレビドラマ、映画では、渋い役からひょうきんな役までこなすなど天性のカンの鋭さを打ち出し、現在バラエティーでもCX『平成教育委員会』で鋭い回答を連発。人気の的である。

ボクシング歴
昭和53年12月28日　デビュー
昭和56年12月16日WBAジュニアフライ級チャンピオンになる。以後、世界タイトル防衛5回。25戦19勝（4KO)4敗、2引き分け

スポーツ

空手、県大会優勝2回、準優勝2回

レギュラー番組

TVO『いきいき健康サロン』

CX『平成教育委員会』

CX『新・諸国漫遊記』

映　画

『3―4X　10月』（平成2年9月15日）

『ヒーローインタビュー』（平成6年夏）

『惚れたらあかん』（平成11年8月〜）

主な出演番組

TBS『風雲たけし城』　TBS ドラマ『昭和のチャンプ』（昭和64年3月）

TBS『モーニングEYE』　TX『おまかせ山田商会』　YTV『電脳GQバトラー』

いま刈り入れをむかえて

俳優　長門　裕之

京都に天の橋立てという場所があります。有名な観光地なので皆さんもよくご存知のことかと思いますが、昔、私がそこへ行った時のことです。夏休みの頃だと記憶していますので、おそらく海水浴にでも行ったのかもしれません。

その天の橋立ての駅へ着いて列車を降りるなり、私は何やら人だかりができていることに気が付きました。二百人程の人たちが一人の男の人を取り巻いているのです。その人は浴衣を着て、それを腰の辺りまでたくしあげ、そして頭には麦わら帽子、口には笹の葉っぱを啣えるという出で立ちで、駅の階段の所に腰掛けて実に悠然としていました。

近付いて行ってよく見てみると、なんとその人は当時の大スター、そして現在でも日本映画史にその名を残す坂東妻三郎先生、その人でした。

映画撮影の合間の空き時間に一人で考え事をしているという風でもありましたが、これが現代なら、やれサインだ、握手だ、一緒に写真を、果ては写真週刊誌の追っかけだと大変な騒ぎになることでしょう。しかし当時の芸能界というのは庶民にとって雲の上の存在に等しいもので、映画の中の大スターは、ヒーローとして庶民から愛されながらも、同時に、侵すべからざる者として、畏敬や尊敬の念を以て見られていました。ですから、人々は「彼ら」がそこに居ようとも、我れ先に群れをなしてどうこうしようという気持ちなど毛頭ありませんでした。

静かに邪魔をしないように、ただ遠巻きに見つめるだけで充分……。そんな雰囲気でした。人々の心が、まだ静かで穏やかだった良き時代だったのかも知れません。そして私が子役の頃を過ごしたのもそんな時代だったのです。

「鞍馬天狗」の杉作、「忠臣蔵」の大石主税《ちから》、「宮本武蔵」の伊織。そして「無法松の一生」の吉岡敏雄。これらが私の子役時代の主な作品です。私は与えられた役柄にも極めて恵まれていたのかも知れませんが、このような仕事を終えるたびに、大衆から注目され一介の役者としての評価を得て称賛の声を受けました。

まァ、当時の子役は今の子役のように背中で泣くことも、シニカルに笑ってみせる必要もなく、ただ単純に泣き、笑い、怒るという、この三つの表現ができればよかったのですけれどね（笑）。

しかし街を歩いていても常時そういう目で見られるものですから、私自身のテンションも相当高くなっていたと思います。エリート意識さえ持っていたのかもしれません。何かを考える必要もなく、周りの人がやさしく背中を推してくれるままに進んでいけば、努力をしなくても事は前進していく現実が目の前にあったのですから。

しかしあの頃は随分と仕事をしたものです。懐かしいですね。子役の先輩には「路傍の石」の片山明彦さんという方たちもいました。そういえば当時、子役の数も少なかったので女の子の役の話まで来たこともありました。さすがにそれに対しては「僕は男だ」と泣いて断りましたけれど（笑）。思い出は尽きません。

私の前には生まれついての線路が敷かれていて、そしてそのレールは確かに他の子供たちに比べて優位であることを幼心《おさなごころ》にも感じた理由というのは、やはり環境的なものだったのでしょう。

父方の祖父は映画のパイオニア的存在の、河竹黙阿弥さんの流れを汲む座付《ざつき》作家。そしてその子である父は元歌舞伎役者。その後、父は歌舞伎の世界の厳しい門閥制度に見切りをつけて活動写真の世界に身を投じ、牧野省三先生の門下生になると、その四女であるエミコと結婚して私が生まれた。撮影所が遊び場所になり、そこで働くスタッフが遊び相手となった私が、ただひたすら役者という職業に憧れて、そこへ飛び込んでくる多くの人たちよりもはるかに恵まれていたことは言うまでもないことだったのです。

しかし、そんな私も当然のことながら子役を演じるには無理な年令というものを迎え、入ってくる仕事の量も段々と限られてくるようになりました。

まさに私の順風満帆な子役人生の終わりの時で、あれほどはっきりと見えていた人生のレールはおぼろになり、遅まきながら、人生というものは自分自身で「動力」というものを入れないと動きすらしないことに気が付くようになりました。

苦労などすることもなく役者としてラッキーなスタートを切った私が、生まれて初めて持った「不安」だったのでしょう。そのような時期にも重なって、父は私に「役者も、社会の一員として生きることを学ぶ場所」と、大学への進学を勧めました。

そしてその勧め通りに私は京都の立命舘大学に入学し、実際そこで多くのことを学びました。ケンカもそのうちの一つで、当時、新人のボクサーだった友人からプロのケンカというものを伝授されました。そのためかケンカは番長なみの強さを身につけました。しかも「俺は役者だから」という強い気持ちから、顔だけは決して殴らせないため、体のかわし方、つまりウイービングは徹底して教わりました。

暴力はやはり誉められた事ではありませんが、これについてはなかなか効果的だったと思いますよ（笑）。

その頃に一人の宝塚の女優さんを好きになったのですが、私は彼女を愛することで、探し求めていた「動力」をも得ることができました。学問を学び、ケンカを学び、愛することを学んだ大学生活。はからずも中退してしまいましたが、やはり私にとってそれは有意義な時間だったことは間違いありません。

東京に出た時というのが、丁度日活が台頭してきた時期でした。当時の日活は五社協定で他社から全く疎外された孤立無援の状態でしたが、子役時代の多くの名作映画の出演経験がものを言い、私は大歓迎で迎えられ仕事をすぐに与えられました。そのなかで日活のパワーを動力として利用しながら順調に自分を前へ前へと進めていったのですが、ここで私は、子役時時代の終わりにあれほど抱いた不安にも関わらず、またも「やはり僕の人生には、真っすぐで明確な線路が敷かれているのだ」と思いました。私には、与えられるままに生きてきた人間の持つノホホンとしたところが、どうしても抜けきらなかったのでしょう。

九年間の間に日活で百十本ほどの映画を撮り、それを実績にしてフリーになりました。その飛び出した時が映画からテレビへの移行時期と重なっていましたが、私はここで人生における愚挙といえばいえる、一つの「選択」の間違いをしてしまいました。確かに映画産業が衰退の時期を迎えている状況というのはあったのですが、黒澤明等、錚々たる映画監督からの出演以来の誘いを断わり、テレビのレギュラー作品を多数引き受けたのです。その番組も、今でいうＮＨＫの大河ドラマ的な作品で、佐田啓二さん、市川猿之助さんたちとの共演による三年連続の豪華な番組ではありましたけれど。

さて、ここで少し映画の話は脇へおいておきましょう。少し妻の洋子について話をさせていただきたいと思います。

☆　☆　☆　☆

私たち男（夫）というものはまことに勝手なもので、厄介ごとを女（妻）に押しつけるという習性があるものですが、私も結局はそんな一人だったのかもしれません。脳溢血で倒れて寝たきりになり、後に痴呆症にみまわれてしまった父親の看護を、自分から買って出たとはいえ、女優業で忙しい最中の妻の洋子に、長年に渡ってそれを任せていたのですから。

お金で雇った介護人は、個人の尊厳をまったく無視して仕事をするというのはよく聞く話ですが、私たちの場合もやはりそのような事態を免れませんでした。

否応無しに下半身を露出させられてオムツを替えられ、赤ちゃんに話し掛けるような言葉で食事をさせられることに対し、役者として強いプライドを持って生きてきた父がその様なあつかいに耐えられるはずがありません。当然のごとく父は嫌がりました。しかし、そんな父も洋子に対しては心を許し、彼女の看護を喜んで受け入れました。

義理の父親の介護をきちんとやり通すことを決心した彼女は、顔の半分が隠れてしまうほどの大きなマスクとゴム手袋をして、「お父さん、洋子よ！　具合いはいかがですか？」と明るく声をかけながら小躍りするように父の部屋に入っていきました。しかし、舞台やテレビ局という華やかな仕事場で、優雅な香水の香りの中に微かに消毒用のクレゾールの匂いをさせながらカメラや観客の前に立っている彼女を見ていると、私はやはり心中忸怩《じくじ》たるものを感じました。

沢村貞子さんや加東大介さん、弟の津川雅彦夫婦、父親の周りには芸能界という華やかな世界で活躍している人たちが大勢いました。もちろん皆が父の顔を見にきてくれましたが、それはあくまで「お見舞い」としてであり、「世話」をするためではありません。

こうして、返しようもない、妻、洋子への感謝の思いは、父の死後から二五年経った今でも消えることはありません。

私ももう六十五歳。人間としても役者としても人生の「秋」を迎えています。培い、育ててきたこれまでの私の人生の収穫物が最良の物であってほしいと願いながら、この「刈り入れ」の時期を日々過ごしています。そして、そんな私の傍らには洋子がいるということ、これが私にとって本当に大事なことなのです。

彼女は、父や母、そして、兄弟（姉妹）四人を僅か五年の間に亡くすという辛い思いをしたのですが（だから今でも法事の日程がややこしい）、しかし、はからずも様々な苦労をかけてきた洋子に対して私がしてあげられることが、其処にあるのかもしれません。

たった一人残されてしまった洋子を「安心」させ、僕の傍にいることで彼女が安定するような場所を作っていくこと、「たった二人の世界」を築いて彼女に尽くしていくことが、これから僕が彼女に報いていくことになるのではないかと思っています。

最近の私は、仕事でトーク番組やバラエティー番組での話題までもが彼女との個人的な話になってしまいます。外の世界に対してマイナスのイメージを持っているわけではありませんが、洋子と、そして与えられた仕事を情念を持ってやっていくことの他に、外へ拡がりを持つことにあまり関心がないのです。

二人の内なる世界を基本に生きる。どんなに年令を重ねても艶を失うことなく、共に生きていくこと、それがいまの僕の「課題」なのです。

一ヵ月のスタンスで洋子が地方に出ている時などは非常に淋しくなります。彼女もそうらしく、仕事が終わるとすぐに電話をしてきます。毎回三〇分ほど話しているんですが、電話口で彼女の息づかいと、その雰囲気を身近に感じているだけでも心が安らぎます。

こうして私たちが仲良くしていられる理由は、二人の間に子供がないことにあるのかもしれません。が、やはり子供は作っておくべきだったと思います。子供を持つのに何も問題はなかったのですが、若い頃の私は子供という身近な人格をただ煩しく感じていたのです。

今は病気の親に対して子供が気遣い涙するシーンや、親子の繋がりを表現しているテレビの番組などを目にしていると、子供をもうけなかったことで、どうしても洋子に対し〝すまなさ〟を感じます。

しかし、子供がいないその分、洋子と共に、充実した時間を持てると思っています。勿論、洋子もそう思っていてくれると思っています。といっても彼女も別個の人間ですから、これればかりは無理強いできませんが……。しかし人の心は「鏡」と言います。洋子の存在は私にとっての、まさにそれです。お互いの「喜怒哀楽」が、優しくそれぞれの「鏡」に映っていることを信じています。

若い頃には、砂漠の向こうにある蜃気楼のようにしか見えていなかった「人生の終着点」というものを意識するようになってくるのは、この年令になるとどなたも感じられることかもしれません。私も自分の中でその輪郭が確実に形を成してきたように思います。そして人生の「終焉」という事実に焦点を合わせてトータルに物事を見るようになってきましたが、これは六〇歳の時に動脈瘤という病気をしたとき、その気持ちを強くしたと思います。

動脈瘤といえば皆さんは石原裕次郎を思い出されると思いますが、彼と私にはいくつかの共通点がありました。まず同じ昭和九年に生まれ、お互い一つ年上の昭和八年生まれの女房をもらい、どちらも子供ができない。同じ時期に家を建て、また同じ時期に家を建て替えた。患った病気も同じ。しかし一つ違ったのは動脈瘤ができた場所でした。

私は心臓から離れた場所に、裕次郎は心臓にその厄介なものができた。結果、彼は死んでしまい、私はこうして生きている。

初老の男が病気を理由に引退しても、退職金も何もないシビアな芸能界で、身体を再び元気な状態に戻して、これまで何度かおぼろげになったり見えなくなったりした自分自身の人生のレールを「架設」し、また自分の動力で動き出すことを始めたのです。

子役として幸福なスタートを切った私の俳優人生。そして、生きるため、演じるために求め続けてきた「動力」。そしてそれが今どこにあるのか？　これからの私の人生を支え、勇気を与えてくれるものが、どこにあるのか、と考えますと、やはりその答えは「洋子」以外にはないのです。

著者近影

先日フランスへちょっとした小旅行をしました。自分でスケジュールを組み小さなホテルに泊まり、その魅力を満喫して帰ってきました。若い頃多くの場で恵まれた機会がありながらも、訪れる土地を単なる「通過点」にしてしまい、そのまま年令だけを重ねてしまったという後悔の念がそうさせたのかもしれませんが、今回は可能な限りのことを吸収してきました。

忙しいのにかまかけて、「どうせ次がある。次の機会にやればいい」と思い、様々なことを無視し勉強するチャンスを逃している自分に気付くこともなくそのまま前に突き進んでいた若い日々とは違います。この年令になっては次の機会が再びあるかどうかはさすがにわかりませんからね。

そしてもう一つ。先に書いたことではありますが、今、最盛期にある若い連中に対して「人生というものには終焉がある。それにピントを合わせトータルに物事を見る」ことの大切さを常々話して聞かせてあげています。そのことに気が付けば人生はより良くなるのですから……。

長門裕之プロフィール

昭和9年1月10日生
出身地　京都
デビュー　6歳の頃より子役で「続清水港」「無法松の一生」等に出演。
昭和30年「七つボタン」（日活）でデビュー。
受　賞（昭和34年度ブルーリボン主演男優賞「にあんちゃん」
昭和38年度毎日映画コンクール助演男優賞「古都」

主な出演作品

NHK　「二本の桜」「黄昏流星群」「夜会の果て」「櫂」
NTV　「知ってるつもり」「夜逃げ屋本舗」「水郷柳川殺人事件」
TBS　「叫ぶ骨」「阿蘇火の国幽女伝説」「大岡越前」「水戸黄門」
フジTV　「京都祇園八坂おどり」「腕まくり看護婦物語」
TV朝日　「小日向鋭介推理日記」「車椅子の弁護士」
TV東京　「いい旅夢気分」「追跡！あなたが主役」
映　画　「陽炎3」「OL忠臣蔵」「なにわ忠臣蔵」
舞　台　「半七捕物帳」「織田信長」
「阿修羅のごとく」（全国巡演）
「美男の顔役」（平成12年3月　御薗座）

私の雲消し体験談

気功研究家　杉村洸爾

あなたは、空の雲を人間の意思で消すことが出来るといわれて、信じますか。えっ、そんなこと出来るわけないだろうという方がほとんどでしょう。でも、最近の〝気〟の世界では、雲消しは極めてポピュラーな技術となっているのです。

私が、初めて自分の意思で雲を消したのはつい最近のことです。従って、雲消しに関してはたいしたキャリアはありません。

以前から、気功の達人は雲を動かしたり、切ったり消したり出来るということは聞いていました。しかし、それは達人だから出来るんだろうと思っていました。

学研から出ている『ムーブックス』の高藤聡一郎氏の本の中でも雲消しの方法について

いろいろ書いてあります。まず〝地の気〟のいい場所を選び、そして足の裏から地の気を吸収し、十分に体に気がみなぎったら指先から雲に向けて気を発し雲を切っていく。いろんな角度で切っていくと切りやすい場所が見つかるのでそこを重点的に責める。そのうちに雲が真っ二つに切れてしまう。どんどん切りまくっている内に雲が消えてしまう。その間10分ぐらいというような内容です。しかしながら地の気のいい場所をどうやって見つけたらいいんだという疑問が最初の難関でした。また、これだけの気功の達人でも地の気のいい場所を選んでいるんだから、地の気のいい悪いもわからない自分じゃ無理かなと思っていました。

森田健氏の「不思議エネルギーの世界1」にも田之上さんという方の雲消しの記事が載っているんですが、それを見ても、これだけすごい人だから出来るんだなと思って自分が出来るとは思わなかったんです。それで、試しにやってみることもしませんでした。

不思議研究所のホームページにはテレフォンサービスでの田之上さんによる雲消し能力伝授サービスもあったのですが、その時の私には、それで雲が消せるようになるとは思えず、電話もして見ませんでした。

今考えると、あのテレフォンサービスは、電話代だけで伝授してもらえるんだから、だめもとでも電話してみれば良かったなと思います。

実際にやってみようと思ったのは、江本勝さんの「波動の人間学」の中の雲消しの記載を見たときです。江本さんがアメリカのとある研究所まで車で案内してもらっているときに、運転している人が「ちょっとあの雲を見て下さい。いまからあの雲を消してみますから」といって、車を運転しながら簡単に消してしまった。「どうしてそんなことが出来るんですか」と聞いた江本さんに対して、「これはだれでも出来るんです。やり方はベティシャインのスピリチアルヒーリングに書いてあるんですが、雲を見つめて、雲は消えました雲は消えましたと過去形で念を送ります。すると、雲が消えていきます。雲が消えたら雲を消してくれた存在に対して、ありがとうございますというんです」といわれたそうです。

ホテルに戻ってから、江本さんが一緒にアメリカに同行した人に、「ちょっと、さっき聞いた雲消しやってみようよ」といって、ホテルの窓から外の雲を消させたそうです。15分ぐらいかかったけど完全に雲を消すことが出来たそうです。江本さん自身は東京に帰ってからやってみたそうですが、東京の雲もちゃんと消えたそうです。これを見て私は、雲はほんとに誰でも消せるんじゃないかと思ったのです。どう見ても江本さんや同行の人が特別な能力を持っている人だとは思えなかったからです。従って、雲を消すために必要な条件は、地の気のいい場所を選ぶことでもなく、気功のハンドパワーを身につけることでもなく。単に「雲は誰でも消せる。だから自分にも出来る」と思うことだけじゃないかと思ったわけです。雲は消せないという自分の心の壁をなくすことが雲消しの一番の条件です。もちろん気功のハンドパワーを身につけ、地の気のいい場所を選べば、より早く消えるでしょうが。

ベティシャインのスピリチアルヒーリング　日本教文社343ページにはこのように書いてあります。「エネルギーのレーザー光線が自分の心からまっすぐ雲の中に入って行くところを想像しなさい。そして、雲の各所に照射しなさい。その際、消えるという気持ちを少しの疑いもまじえずに心の中に保ちなさい。」

私は、江本さんの本に書いてあることとベティシャインの本に書いてあることをミックスして、やって見ることにしました。

本を読み終わった後で、自宅の自分の部屋の窓からガラス越しに外に写る雲を見つめて見ました。まず、自分の目からレーザー光線が出てまっすぐ雲に入って行くようにイメージし、心の中で「雲は消えました雲は消えました」と過去形で唱えつづけました。次に雲全体にレーザー光線のエネルギーが行き渡りそして水をかけられた綿飴のようにしぼんで消えてしまうイメージを心に描きながらさらに心の中で「雲は消えました雲は消えました」と唱えつづけました。

するとどうでしょう、雲がだんだん薄くなって、虫食いのようになって、最後には消えてしまったのです。雲は綿雲のような雲を選びましたが、最初の雲は完全に消すまでに20分かかりました。

ほんとに自分が消したんだろうか、自然に消えたんじゃないだろうかという疑いが起こりました。自分で消しておきながら、あの距離であの大きさのものが消えたという現象が信じられないのです。次の雲に移り同じようにしてみました。今度は10分ぐらいで消えました。

3個ほど消すと雲が消えなくなりました。ちょっと休んで頭を冷やしてから、またやってみました。ちゃんと雲が消えます。始めてから1時間ほどで20個ほどの雲を消しました。なんとなく、雲が消えるということが実感として感じられるようになりました。

家から駅まで歩いていくと西の空に大き目の雲がぽっかりと浮かんでます。あんな大きいのが消えるかなと思いつつ消せるような気がしてやってみました。ほぼ2分ほどで消えてしまいました。

私の雲消しのやり方は、通常は目で見つめるだけですが、手を使うともっと消しやすくなります。指先から出たレーザービームが雲まで届いているとイメージをし、そのレーザービームの先端を消しゴムのようにして使いゴシゴシと雲をこすります。調子のいいときには小さい綿雲のようなものだったら数秒で消えることもあります。

次は人前でも出来るかなと思い、会社の屋上でやってみました。最初は1人の前で、そして、2人、3人と徐々に観客を増やしてみました。何回もやっているうちに、雲消しのコツをつかんだのか、簡単に消えるようになってきました。

本当に意思で消しているんだということを示すために、見物人に雲を指定させて、それを順番に消していくということもやってみました。

調子の良い時には10分ぐらいで20個ぐらいの雲が消えていきました。私の雲消しが社内でうわさになり、会社の屋上に10人集まってしまったことがありました。

このときは、雲が消えなくて焦りました。10人の雲は消えないという念と、私一人の雲は消えるという念の戦いになるため、消えにくくなってしまったようです。

こういう不思議な現象は失敗すると不信を買うので、人前でやるときには必ず成功しなければと思っています。それで、人前でやるときは、雲のコンディションの良い日を選んで、まず一人で雲を消して見てうまくいってから人を呼んできてやってみせるようにしています。

このコンディションの良い日って以外と少ないんです。一面雲に覆われててもだめだし、風が強すぎると消す前に雲が風に飛ばされてしまいます。風があまりなくて、晴れた空に綿雲がぽっかり浮いているぐらいがベストコンディションです。

今年（平成11年）の正月に熱海の温泉に行ったとき、熱海の浜で砂遊びしている息子の隣でひとりで雲を消して遊んでいました。

とりあえず小さな雲を5個ぐらい消して見たところ、10秒～20秒程度で消えたので、今度は海岸上空を覆っている雲の中で一番手前に見える大きな雲を狙ってみました。かなり、厚みのある雲だったし大きくもあったので一度に全部を視界に捕らえにくかったのですが、部分部分を消していくうちに小さくなって来ました。

まず、半分にし、そしてその半分を更に半分にし、分断した一個一個を順番に消して行くと最後には、完全に消滅してしまいました。いつもは、ハンドパワーを余り使わず、目で見つめているだけで消していたのですが、今回は、雲を切るために指先も使ってみました。

指の先の雲（不鮮明で見えにくいと思いますが、現物ではもっとはっきり見えています。）が下の写真のように消えています

完全に消えています。全部で７枚の組み写真ですが紙数の都合で割愛しました（編集部註）

雲の真中を指で指すと厚みのある雲の真中が溶けるようになくなって真中に穴のあいたドーナツ状の雲が出来たりしました。

アニメのドラゴンボールのカメハメ波でもやったみたいでした。今回は特に調子がよかったのかもしれないけど、真中に穴のあいたドーナツ状の雲は面白いものでした。

お天気への挑戦雲消しをある程度マスターしたあと、それでは、一面の雲を晴れさせることは出来ないかということにもチャレンジしてみましたが、これはちょっと難しかったです。しかし、イメージングに時間的余裕を持たせて5時間後に晴れてくるというようなイメージを空に向けたときは、大体成功しました。

雨を呼ぶというのもやってみました。まず、朝の天気予報が晴れの時を選んで、午後から雨が降ってくるイメージをします。ためしに4回やってみたところ4回とも、雨が降ってきました。まあ、日照のようなときにやってうまくいくかどうかは分かりませんが、古来より行われていた雨乞いの祈祷なんて言うものも、それなりのしっかりしたイメージングを持ってしたのであれば、かなりの効果があったのかもしれませんね。

次は台風への挑戦――平成10年の10月ごろ、インターネットで知り合った仲間と、台風の勢力を弱める実験をしてみました。最初は進路を反らそうと提案したのですが、進路をそらされた地方へ被害が出たんじゃかわいそうということで、勢力を弱めるイメージングをすることになりました。

日本に上陸する2日前から始めたのですが、始めるときまで最大風速40Mを何日も維持していたものが、始めたとたんにどんどん風速がダウンし、2日後には最大風速25Mにまで落ちました。たまたまの偶然なのか、イメージングのパワーによるものなのかは、分かりませんが、結構手応えがあったので、それなりに満足出来ました。このようなエネルギー実験は何人かで、同一目的に対して行うと、相乗作用でかなりのパワーが出せるようです。

風、地震、雷への挑戦――これらのコントロールについては高藤氏の本に紹介されていますので、これも、やってみることにしました。風をコントロールするには、風が少ない日にやった方がうまくいくようです。

風の来る方向をイメージすると、思った方向に風が変化していきます。しかし、風の強いときにはうまくコントロール出来ませんでした。これは、今後の課題でしょう。地震は、揺らせるほうと、抑えるほうの両方やってみました。

喫茶店で、地面が揺れるイメージを続けていると、向かいにいた人が、あれっ地面が揺れているよと言い出しました。わずかな揺れではあるが、人が感じられる程度は揺らせることが出来たのです。

地震を抑えることは地震が来るたびにやっています。大地と一体となって、地震が収まっていくさまをイメージします。こころなしか、地震が収まるのが早くなったような気がします。

雷を呼ぶことについては、チャレンジしてみましたが、ほとんど呼べませんでした。

天候のコントロールの実験をしたとき、私は、晴天にするほうが得意で、息子は雨を呼ぶほうが得意でしたので、息子に雷を呼ばせてみることにしました。平成10年の9月に4回呼ばせてみました、朝イメージングを送って夕方にイメージングどおりになるかどうかを見たのですが4回とも雨と共に雷がやってきました。そして、最後は雷による停電で地下鉄が止まってしまいました。

いろいろやってみて分かったことは、こうした自然現象のコントロールを試みるのにも相性のようなものがあって、人によって、やり易いものとやりにくいものがあるようです。それにしても、イメージがもたらすパワーは絶大です。数年前の私だったら、人間の意識で自然現象に変化を与えられるなんて、到底信じられないことだったからです。

終わりに自然現象への挑戦には、偶然や気のせいで片付けられることも、結構あると思いますが、すべてをそれでかたづけるのには無理があります。そんなことありっこないと否定してしまえば、それまでですが、もしかしたらと思って、やってみたら、新たな世界が開かれることだってあるんです。

雲消しの実演を見た人は、自分も出来ると思っている人は少ないようですが、やらせてみると結構出来ます。興味もたれた方はぜひ一度やって見て下さい。

面白いことに実験が成功することをつゆ疑わなければ、必ず成功します。少しでも、疑ったり、成功を危ぶんだりすると失敗します。肯定的な態度と成功、否定的な態度と失敗との間には明確なつながりがあるようです。自分の今の〝想い〟が正確に現実に反映される。こういったところに重大な真理があるのかもしれません。

杉村洸爾プロフィール

1953年2月東京に生まれる。
30代のころより〝気〟の感覚に目覚め、写真を見ただけで他人の体の具合が悪いところがわかるようになり、遠隔で気を送ることも出来るようになる。その後、外気功の技術に各種のヒーリング技術をとりいれた、独自のヒーリングスタイルを完成する。最近では、ヒーリングの気をCDやヘッドフォンに封入したり、〝気〟によりオーディオ機器の音質改善を行う研究もしている。現在、東京の代々木八幡にて気功研究会を主催し、ヒーリングの指導を行っている。
ホームページ　ZEROZONE　URL　http://www3.wisnet.ne.jp/~icc/
連絡先　ICC気功研究会　Eメール　icc@mail3.wisnet.ne.jp

病からの生還　家族の愛

俳優　根上　淳

平成十年八月四日に私が倒れてから、早くも一年以上が経過しました。
実は、その年の春頃から、病の兆しは見え始めていました。

前年の暮れ、オーストリア人であった私の祖父を訪ねて、ウィーンにドキュメンタリー番組を撮りに行ったのですが、それまではまったく別世界の人だと思っていた祖父のことをいろいろと知ることができ、私自身、「心の旅」をしたかのような素晴らしい体験をしました。

真赤なチロルハットをかぶって生き生きとして帰った私を、妻も「どうしたの。そんなにお洒落になっちゃって」と目を丸くして見ていたものです。私ももともと健康な方ではありましたが、特にその頃は身体に力が湧き、意欲も充実してとてもいいコンディションでした。

ところが、年が明けて街に春の香りが溢れ出した頃、急に力が消えてしまったのです。何だかやる気が出ない、だるい、いつも倦怠感に包まれている、そんな状態が続きました。話していても、途中で気力がなくなって黙ってしまったり、そのまま、まるで睡魔に襲われたように寝入ってしまったり。とにかく調子が悪くなってしまったのです。

病院には、それまでも月に一度は足を運んでいました。少しでも悪いところは見逃さないよう、きちんと検査をしてもらっていたのです。

しかし、お医者さんは何もおっしゃらなかったのです。私は糖尿病があったのですが、いつも優しくなだめるような感じで、「まあ、大丈夫ですよ。もっとひどい糖尿の方もいらっしゃいますから」と、常に楽観的な物言いをされました。

しかし、妻ともいつも話していることですが、糖尿病患者に対しては、お医者さんはもっともっと厳しくなっていただかなくてはなりません。血糖値が危険値まで達した時は、もう、鬼のようになって患者の生活などのコントロールをしてほしいと思います。

現代はストレスの時代といわれていますが、糖尿病も、甘いものの採りすぎなどのみではなく、ストレスによってかかる場合も多いのです。現在では四人に一人は糖尿病の予備軍といわれています。これからは、もっともっと糖尿病にかかる人が増えてくることでしょう。

俳優というのも、みなさんの想像以上にストレスのたまる仕事です。台詞を覚えることから始まり、その台詞を他の俳優たちの台詞と合わせていく。呼吸や間合いといった独特な世界も当然存在します。また、現場では非常に多くの人たちが関わっていて、それぞれの方たちとも上手くおつき合いしていかないと、他のすべてに影響します。

そうして日々溜まっていくストレスや気持ちの疲れに対して、私は特に何も考えず、逃れようともせず、日々を送っていました。

もっと早く、病の前兆と真っ正面から向き合っていたなら、それほどひどくはならなかったのにと、残念でならないこともあります。

結婚してからもう、三五年にもなりますが、家族が風邪をひくと「馬鹿よばわり」していたくらいに、私はとにかく健康でした。自分がそんなに重い病気にかかっているなどと、夢にも思わなかったのです。そんな身体にでも、糖尿病というのは、密やかに入ってきます。痛い、痒いなどのはっきりとした自覚症状がないのですから、こんなに恐ろしい病気だということは予想もできなかったのです。

八月に、私は突然倒れました。病名は、脳梗塞。脳に出血が起こり、脳幹にまでそれが達すれば死亡してしまうのですが、奇跡的に夜中に意識が戻ったのです。家の者も、一時は覚悟をしたということで、本当に奇跡としかいいようのないほど、九死に一生を得るといった出来事でした。

私は病院に運ばれたあたりの記憶はまったくなく、身体がだるかったわけでも出血したわけでもないので、意識をとりもどしても自分の身に起こった出来事だとはにわかに信じがたいような気分だったのですが、脳梗塞だったと聞いて驚いてしまいました。

そしてお医者さんは始め、「もう治りません」とおっしゃっていました。「治っても寝たきり老人でしょう。覚悟をなさってください」と。

私も周りもそれはもう、しょんぼりしていたのですが、何故かそうした逆境にあってだんだんとエネルギーが湧いてきました。

私はもともと生命力は強い方だと自分では思っています。

「治らない」とたった一言いわれたぐらいで、一生を力なく、うなだれたまま生きていくことにはとても我慢できません。

まず、車椅子でトイレに行くことから始めましたが、これがまた大変でした。それまでは妻や友達五人ぐらいに抱えられてやっとトイレにたどり着いていたのですが、なんとか自分で車椅子を押して行けるようがんばりました。

つぎは、車椅子なしで歩けるようになるため、毎日、本当に一歩一歩という感じでリハビリをしていきました。妻と、運転手とで、右足を出して、今度は左足を出して、今日は一メートル、今日は二メートルというふうにして、だんだんと歩けるようになっていったのです。自分でも歯がゆい毎日でした。とにかく一歩、また一歩！　でした。

その上達ぶりに、看護婦さんは目を丸くして驚いていました。私も、あきらめたら終わりだ、やればできるという気持ちをあらたにしました。

そして入院も二カ月ともなると、都立の病院でしたから、そろそろもっと介護が充実している病院に移ってはどうかと肩をたたかれます。なんのことはない、体よく追い出されてしまったわけですが、そこから再び私たちの反撃が始まりました。

救急車で運ばれた病院に四カ月入院した後、新宿の都立病院に移りました。

そこは十階建てくらいの高い建物なのですが、私が入院した九階で目が覚めると、まず時計がどこへいったのか分からない。それに時間の感覚がまったくなってしまってい て、朝、まだ暗いうちに目が覚めてしまうのです。看護婦さんに時間を聞くと、「まだ夜中ですよ」といわれてしまう。四カ月も入院していると、どうやら体内時計も狂ってしまうようで、朝と夜の区別もきちんとはついていないようでした。

窓が東側でしたから、暗いうちに起きてしまった時は、太陽が昇るのを一人でボーッと待っている。新宿も、その高いところから見ていると、周りに何もないようでした。

ポツン、ポツンと高いビルはあるのですが、あとは戦後の焼け野原のように、どこまでも空間が続いているように思えました。その時に、「ああ、俺は生き返ったんだなぁ。よかったなあ」としみじみ思いました。

それで、今にして思うと自分の行動が不思議でもあるのですが、そんな時間なのに電気カミソリで髭を剃るのです。それで他の患者さんたちも、音で目を覚ましてしまうのですが、剃り始めてしまっているので最後まで剃ってしまうのです。迷惑そうな目で見られているのに、その視線を浴びていることで、「生きてて、よかった」なんてまた感じていました。

「死」というものを身近に感じるようになったのも、その頃でしたが、あまり判然としたものではなく、曖昧でまとまりがないといった感じでした。脳に支障があったので当然ともいえるのですが、ボーッとしたつかみどころがないといった印象です。

小脳の一部に後遺症もあったため、運動神経がにぶくなるというか、それまで当たり前にできていたことができなくなるのです。

まっすぐに歩けなかったり、立っていてもふらっとしたり。字がうまく書けなかったり、お医者さんに治るのかと聞いても、脳の神経がしびれているわけだから、それは治らないといわれました。ただ、慣れれば、だんだん感じなくなるともいわれたので、とにかく一生懸命リハビリテーションに励みました。

午前中は身体の機能の回復への運動、午後は手作業、皮細工や竹細工で籠を制作、まるで、それは小学校の工作の時間の様でしたが、そのリハビリがとても大切なのだそうです。

そこの病院は、リハビリに力を入れているところだったのですが、先生方がとても親切なのです。細かいところまでいろいろと説明してくださり、こうした方がいい、ああした方がいいと、親身にアドバイスしていただけました。

毎日、二時から四時までがリハビリの時間になっており、学校の体育館のような天井の高い場所で、壁に設置されている手すりを伝い歩きするのですが、いろいろな故障を持つ方がいらして、それぞれの方が、必死になって頑張っているところです。伝い歩きができるようになると、設置式の自転車にも乗りました。

ずいぶんと回復したところで、新宿の街中にも出かけるのですが、まず車が怖い。人も多い。階段もやっぱり怖いものでした。それでも、なんとか手足は不自由がないぐらいになってきました。言葉のマヒ、身体のマヒが残っていないことは、たいへんに好運で、幸せなことだとつくづく感じています。

そこの病院では、心にあるものを全て先生にお話して、先生も知っていること、分かることはすべてお話してくださり、よいコミュニケーションをとることができました。

そして、家族や友達、みんなのエネルギーを結集して、ここまでこれたのだと思います。

私は、一度死んだ。しかし、甦った。

この奇跡を無駄にしないよう、これからもしっかりと人生を歩んでいきたいと思っています。

根上　淳

出身地：東京都
出身校：法政大学経済学部
東京キャットクラブ会長
※昭和22年、大映にニューフェースとして入社

『映　画』

☆稲妻（監督：成瀬己喜男）
☆心臓破りの丘（監督：木村恵吾）
☆金色夜叉（監督：島耕二）
☆川のある下町の話（監督：衣笠貞之助）
☆暖流（監督：増村保造）
☆夜の素顔（監督：吉村公三郎）
☆細雪（監督：島耕二）
☆母のおもかげ（監督：清水宏）
☆社葬（東映作品）
※アメリカ　MGM作品にも出演
☆八月十五夜の茶屋（Tea hause of August moon）

（マーロン・ブランド共演　淀川長治氏も）

『テレビ』

★人間の条件（ＴＢＳ）
★白い巨塔（テレビ朝日）
★信子とおばあちゃん（ＮＨＫ）
★北の家族（ＮＨＫ）
★日陰の女（フジテレビ）
★外科医・柊又三郎（テレビ朝日）
★火曜サスペンス劇場（ゲスト出演）
★大岡越前（ゲスト出演）
★水戸黄門（ゲスト出演）
★わが心の旅（ＮＨＫ）（音楽家である祖父デイトリッヒ氏の生まれたウィーンへ行き、ルーツを尋ねました）
★Ｍｉｓｈｉｍａ

◎**舞台**　東海林太郎物語、姿三四郎、舞扇、母桜、に出演
◎**ＣＭ**　日本アジア航空『夫婦で台湾』根上淳、ペギー葉山のおしどり夫婦で5年間出演
◎**著書**【代々木上原おとめ坂】（夫婦共著でエッセイを書く）

日本人の意識を考察する

評論家　正垣親一

☆癒しを求めるのは弱い心？

五月七日、浮沈が激しい原宿のアパレル業界にあって大きな成功をおさめた伝説の経営者の命が、枯れるように尽きた。いまわの際には立ち会っていないから、詳細は知り得ていない。若者の流行を常にリードし、自社の五ブランドすべてを成功させ、厳しい競争を勝ち抜いてきた女性社長が迎えた死は、あまりに特殊な状況下に置かれており、とても穏やかに息をひきとったとは言いがたい。

まず、私とは年齢が近かった。お互い最初の癌の手術の時期が重なっていたこともあった。癌、心臓病、腎臓病、糖尿病、肺の病を直す治療法は、究極的にはただ一つ、血行を良くすることである。血行とは、血と行。血の性質を良くすることと、行すなわち代謝のポンプを向上させることに尽きる。では血の性質を良くするためにはどうしたら良いのか？　それはただ、食事によるだけである。などということで、癌に良い食事療法なども共通の話題であった。

そのような私と彼女の間に、いつからか不自然な人物が介在するようになった。気付いたのは昨年の夏頃からだが、後で聞いてみれば、登場は昨年一月からとのこと。その人物の職業名は「ヒーラー」。

ヒーラーとは、他人の「体や心の病を癒す人」。お釈迦様もキリストも基本的にはヒーラーだが、現代の商売人としてのヒーラーは、趣が大きく異なる。前歴は詐欺師が多い、と極論することは乱暴に過ぎるが、法人の経理部から顧問料等の名目で金銭を定期的に自分のもとに振り込ませるためには、営業的に人目を引くカリスマ性を備え、またヒーリングの効果が明瞭であることが必須になる。そのためには、旺盛なサービス精神と、インチキすれすれの術を見せつける手品師的手腕も必要となる。その一助となるのであれば、ヨーガも指圧も太極拳も、食養生、香りの療法、心理療法、催眠術をはじめ、すべての良きものが採り入れられている。

今の兄弟横綱の弟にも、芸能人にも、またかつての米ソ両超大国の政策決定の場にも、ロシア帝政末期の皇帝の家族にも、カウンセラーや祈祷師、占い師、宗教指導者の名で、ヒーラーが陰の存在として付き添っている（いた）。

若くして分不相応の成功を遂げたり、大成功からスランプのドン底へ突き落とされたりして悩みを抱えた人間に、まるでつけ込むように浸透していくその技術は、磨きに磨き抜かれている。それは、巷に溢れるカルトのやり方と基本的に同じである。

常套手段はこうだ。まず、優しく誠意を尽くして相手と親しくなる。相手の息苦しい環境、生き甲斐を求める気持ち、将来に対する漠然とした不安、自分を変えたい、自立したい、今の生活から離脱したいという相手の願望に強い理解を示してやる。当人は本来、不満を聞いてくれる魅力的な人を求めていた。そこで、一気に価値観を逆転させる。相手の不満・苦痛を誘い出し、教義を受け入れれば救われると信じ込ませることでそれを食い物にし、自分の商売のネタにしていく。

次にヒーラーは、そのようなやり方を批判する周囲の人々を、自分の営業の邪魔者とみなし、過剰に防衛体制を取る。意識的に敵を想定する。するとその結果、家庭や会社に不和・対立が生まれる。それを押さえるために内部粛正を断行する。自分の手は直接汚さないで、術をかけている相手の本人の意思としてそれを実行させる。そこには、愛情によって助け合う・尽くし合うというヒーリングの基本的姿勢は微塵も見られない。依存してはいけない、と自立の道を説く一方で、自分には唯一帰依をさせる。自分で意思決定ができるようにと指導しておきながら、ヒーラーの判断に頼らないことには大切なことは何も決められない人間にしてしまう。支配・被支配の関係を打破するよう呼び掛けておきながら、ヒーラーの支配下からは逃げられない構造を固めておく。

死の直前の電話

彼女が亡くなる一日前、本人が電話連絡を取ってきた。前々日は「死にたくない、死にたくない。なぜ私が癌で今、死ななければいけないの？」と叫び続けて、一晩中、一睡もしなかったその翌日、家族が与えた精神安定剤のお陰で、彼女は纏めて四時間の熟睡時間をとることができた。

ヒーラーの監視下、ほぼ断食に近い食事療法が行なわれており、医学的、栄養学的、人道的見地から他の医師の診断、他の治療法の採用が併考されるべきだと判断された。少なくとも、このヒーラーは多くの助手を枕元に送り込んでおきながら、死の縁に追い詰められた病人を精神的に癒すことさえできていないことが明らかだった。

病人本人からの連絡と依頼で、緊急脱出計画が練られた。熟睡した病人は、五月六日の朝、病院へ出掛け、診察室のベランダへ出た。隣接する森の新緑が眩しかった。久し振りで気分が爽快だった。いつもと違いカラスの鳴き声までが気に障らなかったという。そして、口にしなければよいのに、医師に次のひと言を漏らしてしまった。「今日、ここで点滴が終わったら、別の診療を受けにいくの」、と。

この言葉で、ヒーラー一派のマシーンがフル稼働を開始した。常時枕元を固める助手たちが、留守番をしていた病人の実の姉を帰宅して吊し上げた。「そんな計画があることを、なぜ私たちに言っておいてくれなかったのか」、と。その様子は団体交渉の吊し上げの場を彷彿とさせた、という。

病人にとって肉親の姉はただ一人。プロの栄養士であるこの姉は、脱出作戦にまったく関与していない。しかし彼女は、姉として、栄養の専門家として妹の家に駆け付けていたが、東京滞在十数日の努力をもってしても、妹に燃焼に必要な栄養分を摂取させることができないでいた。食べつけないものは病人には不要、の一言でヒーラー一派が阻み通していたのだ。極限までやせ細り、衰弱し切った妹を前に、姉は栄養士として切歯扼腕の思いだっただろう。思いも破れて、夕刻、羽田飛行場へ向かう姉の足取りは、気分同様重かったに違いない。

肉親の専門家がいなくなったこともあって、ひと月前から雇われていて、周囲からスーパーモデルと呼ばれている見張り役の絶世の美女が、この夜だけは早目に病床を離れ、帰路に就いた。これが十八時十七分。病人本人は、意識も行動も混乱の度を深めていった。彼女は強い力でベッドにしがみついて離れようとしない。部屋を出て治療には出掛けたい、でもボスの承認なしには出られない――これが偽らざる彼女の気持ちだった。そしてそれが私への最後の意思表明だった。

ヒーラーのボスは十九時を目指して、この自宅へ駆け付けつつあった。ヒーラーの助手役を果たしている付き添いの少女たちには彼から、「誰一人病人に近付けてはならない」との厳命が下されていた。ボスヒーラーが到着したとき、病人は予定していた言葉を彼にぶつけたはずである。彼の影響下から独立しなければいけないことを頭では理解していながらも、運命を彼の下に委ねるという相反する行動を取ってしまった自分が、最後に抵抗の意思を示そうとした言葉を。「とうとう、私を殺しにきたのね！」

女性社長がこの世を去ったのは、この翌日のこと。死亡診断書はカラスの隣の診療所の仕事。実の兄姉は去り、彼女の周辺はヒーラー勢で固められていたのだから、病人が善意の中で看取られたという事実とは異なる構図を成立させることは容易だった。

日本で連休が明けた五月十二日、五百名を超す関係者が駆け付けて、都内屈指の大斎場で女性社長と永訣する葬儀が大々的にとり行なわれた。私はただ、距離を置いて、彼女を悼むだけである。

自分の失敗を弁護し、それが一般的にやむを得なかったことだと強弁し、あろうことか自分の責任を他人に押し付けさえすることが、ヒーラーたちの営業の常套手段である。社内人事への嘴入れは、社長の英断という形をとって、既に一年掛けて終了しており、体制は刷新されている。とばっちりを避けることも賢明な道だ。

最後に私からの提言をしておく。

癒されることを求めて癒しが手に入ることはない。他人の痛みを我がことのように感じよう。我が痛みは、他人ごとのように観察していよう。積極的に人助けをすること。我が身を救えないようなら、せめて人に救いの手を差し延べること。微力であれ、精神的なものであれ、可能な人助けをすぐに実行すること。癒しが差し込んでくるのは、そんな世界においてなのだ。

オウムの活動再開を支える社会状況

ウンザリさせられるようなヒーラーの手口――これは最たるカルト、オウム真理教のやり方とも共通のものだ。医師も巻き込み、拉致、誘拐、毒ガスと、何でもありのカルト集団オウム。大事件から四年と二カ月、地下鉄サリン殺人事件が風化もしないうちに、首謀者麻原（松本智津夫）らを除くオウム関連事件の主要被告たちが、裁判、収監、服役を経て自由の身となり、まもなくすべてがこの日本社会へ放たれてくる。

近年、日本の若い世代の中で「癒しの集会」に参加することが小さなブームになった時期があったが、ロシア社会において人々が癒しを求める傾向は、日本と比較できないほど大きい。

政治と経済の不安定がロシア人から心の拠り所を奪い、信仰に向かわせる、と考えるのは正しい。だが、それが即ロシア正教会へ向かうと考えるのは正しくない。ロシア正教会は長期にわたり迫害下に晒されてきて、今や解放された、などという解説は大間違いで、ロシア正教会は、自己の生存のため、緊密にＫＧＢに協力して国民を管理・監視してきたので、強い信仰心はロシア正教会以外に向かうことになる。カトリックの復活もこの線上にあり、正教会側の恐れはまことに大きい。

だが、ロシアは特殊だ。一般庶民は、真っ直ぐに「黒ミサ集会」へ繋がったりする。オカルトが大好きなのだ。ロシアにおけるオウム真理教布教の素地はここにあった。最盛期は日本中の信者総数の三〜四倍の信者がいた。

オウムによる犯行とされる「国松警察庁長官狙撃事件」を巡り、かつてロシアで調査活動を行なったことを思い出す。

その時期われわれは、生活に困窮する老人への食事と医療を届ける福祉プロジェクトを拡大させるため、ほぼひと月おきにロシアを訪問していた。日本を出発する直前に議員、議員秘書ら約百名を前に行なった講演で、私がオウムのロシア担当グループと北朝鮮の関係について言及したところ、数日後に調査関係者の極秘訪問を受けた。

信義に基づく秘守義務は今でも継続しているので、アウトラインしか公にできないが、要点は国松長官の狙撃現場に残されていた北朝鮮の軍の勲章の流れを解明することと、同等の実物の入手であった。

われわれは期待された調査と現物入手のことごとくを成し遂げたのみか、限定授与された勲章の授与先、製造数、製造工場の変遷、コンタクトすべきロシア（ソ連）軍の老将校の絞り込みまで調査を進めて帰国したが、調査報告をして程なく、信じがたいことに、それ以上の協力は不要ということになった。

どうなっているのか、この日本は！　国のため、国民のため、正義・人道のため、といった視点・観点が社会の中からも、政治家、官僚の間からも消失してしまったかのようだ。オウムが嫌疑される長官狙撃事件の捜査に関しては、警察庁（全国）と警視庁（東京）の捜査の競合、管轄争いという、まことに非本質的な要素によって、迷宮入りになってしまった。犯人は検挙されない。捜査は中止。われわれの中年探偵団は解散、という奇妙な結末となった。

☆国際万引き考——変わる日本人の犯罪感

昔ならこんな事件は無かった、と思われる、凶暴、見境いなしの事件が今日日本で日常茶飯事化している。世界にあって急速に変貌しているのは日本人だけなのか？ＮＡＴＯ軍の空爆が停止した日、町中でたまたま目撃した静かで小さな犯罪を契機に、日本の進路と、日本人の常識・国民性の変化を考える。

国際舞台の上で、個体に巣くう野望と人道を弄ぶ野心が拡大開花したコソボ問題に決着をつけるべく、NATO（北大西洋条約機構）軍によりユーゴ空爆が二カ月半続けられたが、その空爆の停止が発表された六月十日、夜、近くのスーパーマーケットへ食品を買いに出て、恐ろしい光景を目にした。三月二十四日の空爆開始の報にも、和歌山市の毒物カレー殺人事件にも比肩し得る驚きに、身が震える思いがした。

普通の女性がスーパーで

年の頃二六、七歳の女性が、勤め帰りとおぼしい姿のまま。疑似万引き行為をしていた。この店では時間が遅くなると、前日の生鮮食料品は半額にして販売する。夕方の買い物ピーク時間が過ぎると、定価の上に二割引きのシールが貼られ、八時半以降はその上にさらに「半額」の円形赤色シールが貼り重ねられる。スーツにハイヒール、ハンドバッグを左手に持ったその美形の女性がしていたことは、半額シールを剥がして隣の商品の上に貼り移す、ただそれだけのことだが、私の驚きは、彼女の振る舞いのあまりに自然な様子にあった。観察時間は、四、五分だったが、眩暈がして時の経過を忘れた。

彼女のしていたことは二種類に分けられる。剥がした半額シールをすぐ隣に置かれたほぼ同価格のの同種商品に貼り移したこと。および、まるでマニキュアを乾かす時の仕草にも似て、剥離させた円形シールを右手人指し指の先端にくっつけたまま、足取りも軽く売場を五、六メートル移動し、次に自分が欲しいものの上に軽く貼り付け、新鮮商品を中古価格で購入することである。新鮮な物を安く買いたい、という思いは消費者として格別異常なものではない。

後者の行為の目的は、なんら割引シールが貼られていない通常価格商品の中で、欲しいと思う自分が好きな商品に、気の向くまま半額シールを貼り付けることで、割引価格を勝手に設定するという特典を自由に行使することである。

どちらの行動にも、レジのキャッシャーにはこの不正行為を見抜く力はない、という判断が前提となっている。ラッシュ時にレジを固めるベテランの女性陣は交替帰宅し、夜の部を勤めるのは店長自身の他、慣れないアルバイトの若者だけである。彼らに値引きシールが貼られる根拠となる日付の新旧を確かめる余裕はまったく無い。経営者の立場からすればきりないことに、サービス業においては、夜間の非熟練従業員という労働環境は今後いっそう顕著になる。

彼女のシール剥がし作業は続く。長めの美しい爪でラップの上にじかに貼られた円形シールを無理やり剥がすものだから、透明のラップは引き千切れんばかりに三、四センチ延び切る。そして何個に幾つかは、伸縮限界を越えて、ラップが切れる。すると彼女はその商品を諦め、シールを貼り戻し、穴の開いた部分を上手に補修する。実に手慣れた作業。鮮やかなものである。自分の買い物籠の中身は既にすべてが半額商品の様子。

その姿は、堂々としている。周囲の目を気にしたり臆したりするところが一切ないものだから、すぐ隣で彼女の手口を目撃した親子連れなど、ただただ恐れおののき言葉を失い、娘ともども凍り付いたように全身を硬直させている。

この犯人と目撃者の姿のコントラストは、日本人の中が、日常の場で誰も気付かないうちに、明快に二種類の人種に分化しているという事実を突如暴力的に突き付けられているかのようで、見学者におまえはどちらの人種に属するのかと迫ってくる。中間の傍観者でいることは許されないという切迫感がするものの、さりとてやれることといえば、店の責任者に通報することくらいしか思い付かないものだから、もしこれが犯罪だとしても、そんな通報・密告者の役割は私の仕事ではないと思い直したりして、結果的にはただの見物人にとどまるしかない。

　彼女のしていることは犯罪を構成する行為だろうかと問うならば、なかなか複雑巧妙に作業が分担された構成になっている。シールを剥がしている瞬間を現行犯で押さえたとしたならば、彼女は勝手に安くしようとしているのではなく、割引シールを剥ぎ取っているのだから、収益的には店にプラスしている。

　別の商品に貼り付ける瞬間を咎め立てられたならば、いたずらをしてごめん、と謝って済む行為だろう。レジの場で誤った価格が貼られている事が指摘されれば、その様な状態で売場に置かれていた、と憤慨してみせる。正規の価格を支払えば済むこと。謝らなければならないのは店のほうである。

　時間が経過した商品は品質も低下しただろうと考えられる。売足は鈍化し、店は値引をする。しかし新鮮な物を安く買いたいからといって、特定の客が値引のラベルを勝手に貼り替えていたら、顧客間の平等も秩序も崩壊する。何よりも万引き客に、地域で客と店が共存するという視点が欠如していることが情けない。日付は古いが品質は保証付きという食品もざら。本来廃棄が原則だが、それでも有効活用してくれる客がいるなら嬉しい、と店は親心で考える。原価を割った少額を掻き集めることが目的ではない。

なにしろこれは、支払いなしで商品を持ち去る、いわゆる正真正銘の万引き行為ではない。他人に咎められる危険性を最大限に分散させている。刑法に絡めて立件しようと思えば、実に厄介な行為なのである。

デパート展示会での私的経験

私は数日前にも同様の経験をしていた。

今週の初め、六月七日まで渋谷のT百貨店で一週間弱、美術品の展示即売会が催され、今世紀初めのフランスのガラス工芸品が催事場に並べられたが、出展者にとって、状況はここ一年半、急速に困難になってきている。

これは出展した者にしか分からない深刻な悩みだが、状況が激変してきている。売れ足が悪く作品が売れ残るなどというのは、世の不景気を正しく反映しているだけのことで、悩みとしては小さい。悩みは、一点数百万円単位の出展作品を万引きされるのだ。

第一の辛さは、腹立たしいこと。怒りは抑え切れなく、気分は滅入ってしまう。

第二の辛さは保険金が下りないこと。万引きされたものは、事件として立件不可能のため、保険の支払い対象から外される。展示場や運搬の途中で破損したものは、割れたガラスの破片という証拠があるものだから、保険のカバー領域に入るが、忽然と姿を消したものは、被害の立証自体ができないのだ。

私は小さなコレクター、ないしは趣味があるだけで、ときに作品の出展・展示に協力することがあるだけだが、骨董を商いにする者の中には、ここ十年程、所有する品物が一向に流通しないものだから、自分でうっかりを装って破損させ、保険請求する不心得者がいた。保険会社側もしっかりしたもので、そのため通常の仕入価格の約七掛の評価しかせず、いわゆる保険太りに対処している。それだから壊れれば三割、売れ残れば金利と運搬、倉庫料以外の損失はない。

辛さの第三は、万引き犯人を逮捕できないことである。この一年半の間に、私の友人の一人は三回被害にあっている。バブル崩壊の影響もあり、十年前と比べ表示価格は三分の一に下落したが、それでも一点で一千万単位の価格が付く作品も出展している。だが幸いなことに、彼がこうむった被害の総額は数百万円台に止まっている。しかし悔しさは格別のものがある。それとおぼしき人物は記憶の隅に残っているのだが、証拠を掴まえられない。

スーパーも同じだが売場が大きいデパートにおいてはことに、商品を持って移動しても犯罪にはならない。別の階に移動しても犯罪は不成立。警備担当が店内で注意を喚起させようと声を掛けても、「一階で待っている者にクレジットカードで決済させようと思っていた」と返答されれば、この時点では立派な顧客である。犯罪人扱いをした失礼には、ひたすら陳謝あるのみだ。商品を持ったままデパートから外の通りに出て、なお支払いの意思がない場合において初めて窃盗罪が成立する。建物内部では泥棒ではない。

では、外に出る前の段階で、ラグビーのパスをするように万引き仲間に受け渡しされたとすればどうなのか。エレベーターの中で数人の仲間に第一犯行者を取り囲ませて、その内の誰かのバッグに展示場から持ち出した美術品を忍び込ませ、数人が同時に別方向に散ったならば、監視者は犯人グループと同数以上の人数でもって追跡・尋問に取り組まなければならない。そんなことを常時、準備することは不可能だ。

今回は百貨店側の厳重な警備陣のほか、会場の展示の箇所だけにビデオ・モニターを当て、非常時に備え、画面から目を離さないようにしたが、これもいつかは敗北の運命が待っている。犯人が作品を持ち出す直前に、作品をカメラの焦点位置からずらして、持ち出しの瞬間が撮影されないように前処理を施せば済むことなのだ。おまけに位置をずらされたのに、すぐに係りの者が飛んでこないということは、見張りが怠っていることを犯人側に知らせる結果にさえなる。位置をずらした者は、持ち出し犯人とは別人なので、指摘されても作品に不用意に触ったことを軽く詫びれば済むことである。

外国人による犯罪は増大しているか

なぜ、このような被害がここ一、二年に集中しているかというと、理由は二つ。一つ、以前はそのようなことをする日本人は希だった。日本人と日本の風土・国情が急速に変化した。もう一つは、万引きに対し余りに呑気な日本人をカモにできると気付いた外国人が、集団を結成し、職業として真剣に万引きに取り組んだという背景がある。

外国人差別で言っているのではない。会場から持ち出して外に逃げる前、声を掛けて取り戻した半年前の未遂事件の経験を踏まえて言っているのだ。その折、某外国人は、コートの下に約一メートルの重いブロンズ作品を隠し持っていたのだった。

蛇頭に操られる日本の暴力団

この十年で外国人の違法入国者数も急速に増えた。夜の街の奥に、今一万五千人の不法入国の中国人が働く。代表的繁華街池袋と新宿へ行けば大金が稼げると口伝えに聞き、蛇頭（スネークヘッド）と呼ばれる密出国組織に依頼。一族の内で元気な若者が無事に日本に違法入国できたとの知らせが入ると、親戚一同で有り金掻き集めた二〇〇〜二五〇万（月給二〇数年分）が組織に払い込まれる。この蛇頭組織の手引きで密入国し、不法就業中の中国人の数は、新宿と池袋でだけで現時点で合計三万人。一年前の一・五倍。十年前は十分の一だった。不法滞在者数は、公の推計で二八万人。彼らは摘発され次第、身柄を拘束され、強制送還される。しかも、稼いだ金を持ったままの帰国ができている。密航後の稼ぎを持って故郷に錦を飾ることができるのである。

一方、彼らの密入国を手引きした日本人は巧妙に刑法の適用を免れている。夜陰に乗じ船から日本の浜に上陸、コンテナトラックに積載された彼らは、所定の方面に撒かれる。その上陸地点の地名は、決して知らされることがない。法律違反が行われた場所が特定できない犯行が立件できるはずがないという基本を犯罪者たちはしっかりと踏まえているのである。水際の現場を取り押さえない限り立件は不可能なのだ。

六月の警視庁発表により、新たな事実が判明した。蛇頭による集団密航事件には日本の暴力団が組織的に関与していると見られていたが、実際のところ今の段階では、複数の暴力団の組員が蛇頭から報酬を貰い、分業で密航者の隠れ家の手配やレンタカーの運転、見張り役などをしている実態が明らかになった。

蛇頭と日本の暴力団との抗争事件が起きていない理由は、それぞれの資金源が違うために「住み分け」ができているからである。

しかし、日本を目指す密航は今後も続く。暴力団対策法の影響で生活に窮した暴力団組員の個人レベルではなく、暴力団本体が資金源として組織的に乗り出して来るのも、時間の問題だと見られている。

蛇頭が年間に密入国させ続ける中国人の数一万人。非公式、非合法手段ではなく、今後、中国政府はその出国政策いかんで、年間この百倍千倍の中国人を正規に送り込むことだって可能だとの言を、既に公式の場で脅迫的に弄している。外国人流入は当分、隣国から日本への脅し材料であり続ける。

『日刊サムイズダート』３０１５号（99・5・12）第３０４５号（99・6・11）より当編集部の責任で再構成しました。

妻への鎮魂歌

洋画家　織田　広喜

妻が倒れてほぼ二十年、私はまさしく妻と一体となって暮らして参りました。妻が目覚めると、私は彼女の身支度を整えてやることから一日が始まります。洗面を手伝い、化粧をしてやります。食事は妻が入院中に、病院の食事を参考にして私が研究したもので、塩分を控え目にしたものですが、必ず味見をして上げていました。

妻の大好きな散歩は、雨が降らない限り日課になっていました。散歩から帰ると風呂に入れてやります。妻は入浴が大好きでした。一緒に湯船につかりながら時たま「私は誰？」と問うことがあります。

妻は、最初のころは私の名前を答えていましたが、歳月とともにそれもいつしか分からなくなって、無邪気な笑顔で「知らない」と答えることがだんだん多くなってきました。入浴後は、キャンバスの傍らにあるベッドから、絵を描く私の作業を見ている妻。それは私たち夫婦の、二十年来の変わらぬ日課でもありました。

その日も、朝から五月晴れの良い日和でした。私は依頼された絵を描くことに追われていたので、妻の散歩はお手伝いさんに頼みました。散歩から帰った妻の入浴は、いつものように私の役目です。妻を抱いて風呂に入れ、脱衣室で待機しているお手伝さんにバトンタッチします。それから私は自分の入浴を済ますと、着替えの終わった妻を抱えて二階のアトリエに連れて行きます。そしてキャンバスの側に置いてあるベッドに寝かせると、妻は童女のような笑顔で私に微笑みかけます。

その日は、よほど気持ちが良かったのか、ベッドに寝かせると、妻は無心の笑みをうかべ、いつものように私が絵を描いているのを見ていました。やがて、その愛らしい笑顔のまま目を閉じました。私は妻が眠りについたと思い、いつしか描くことに没頭していました。

どれくらい経っていましたでしょうか、数時間かも知れません。私は妻の様子がおかしいことに気付きました。妻は眠ったまま動きがありません。異変に気付いた私は、妻の体にさわってみました。童女のようなほほ笑みを残したまま硬直していました。眠っている間に脳死があり、そのあと心臓の鼓動が止まったのでしょう。妻はこうして私の絵を描く姿を見つめながら、静かにその生涯を閉じました。それでも私の傍らで、穏やかに眠るように逝ったことが私にとっては大きな慰めでした。

私と妻は、共に画家を志した仲間でした。妻は私より才能のある画家でしたが、煩悩いっぱいの私を励まして画業に専念させるため、雑事はすべて引き受けてくれました。私たち夫婦は同じアトリエで描いていましたので、側には必ず妻が居て私の作品が仕上がるのを見つめていました。謙虚で聡明な妻は、人前に出ることもなく、裏方に徹してくれていました。妻が倒れて、私ははじめてその事に気付きました。私の画家としての生命は、妻の四十年にわたる忍耐と縁の下の力持ちの上に成立っていたことが分かったのです。

妻の闘病生活の始まりとともに、私の心の迷いは吹っ切れました。今まで、妻が私の画業を支えるために耐えてくれた行為に報いるためにも、これまで以上に精進して、妻の分も描ききりたい、そう決心したのです。その時から私は、妻の介護を当然の日課として受入れられようになりました。絵を描く時間に制約はありましたが、逆に、限られた時間だからこそ全力投球できたようにも思います。

闘病中の妻は、実に手のかからない女性でした。何ひとつ要求するでなく、無心に私を信頼してくれていました。そんな妻の存在は、私にとってどんなに励みになったことでしょう。しかし、その妻を亡くし、私は支えを失ったように感じました。

そのためか野辺の送りを済ませた私は、かつて妻と行ったパリ行きを決意しました。無性にパリが描きたくなったのです。

それは十年ほど前のことでした。妻が突然「パリに行ってみたい」と言い出したのです。これまで何ひとつ要求しなかった妻が、何度もパリ行きを所望するのです。私はどうしたものかと悩みました。当時の妻の健康状態を思うと、慣れない旅先での容体の急変が心配でした。妻の主治医に相談すると、「そりゃ、ぜひ連れて行っておあげなさい」と励まして下さったのです。折しも、取引のある画商さんから「パリをテーマにした絵の展覧会」を勧められていましたし、長年パリ留学を体験した息子が、パリ賞を頂戴したころでもありました。そこでお手伝いさんも入れての一家九人のパリ行きが実現しました。

私たちのパリ滞在は四十日に及びました。現地では運転手つきのライトバンを雇い、妻を同伴して、パリ市内ばかりでなくパリ近郊にも出かけて行き、妻を傍らに座らせてひたすら描き続けました。描き出すとわれを忘れる私に、妻はあきもせずつき合ってくれました。

やっかいなことは、介添えが必要な妻のトイレでした。シャンゼリゼの通りを描いている時、妻がトイレに行きたいと訴えるのです。慌てた私は、近くのレストランに妻を連れて行きました。混雑するレストランで、妻に歩調を合わせながら女性用トイレまでついて行きます。怪訝な目で見られるのを覚悟しながらついて行きます。妻のトイレが済むと今度は始末に困るのが、取り替えたおむつでした。捨てる場所も見つからないままに、私はそれをふところに入れて持ち帰ったことも度々でした。

雨の多い五月のパリでは、描いている最中に降られることもしょっちゅうのことです。しかし描き出すと途中で止められない私は、傍らにいる妻を気にしながら描き続けます。妻も黙って濡れながら付き合ってくれていました。

そんなある日、通りかかったフランス人が、私のポケットにお金を入れて立ち去ったことがあります。哀れな日本人の〝貧乏絵描き夫婦〟と間違えられたのでしょう。笑えぬエピソードです。

また、妻はゴーギャンの作品が好きでした。滞在中にゴーギャン展があったので、ぜひ見せてやりたいと二人で出かけて行きましたが、会場は大変な盛況で、入るのに四時間は待つというのです。

それでも、なんとか見たいものと足の不自由な妻と二人で列の後ろにつきました。しばらく並んでいると、守衛がやってきて「障害のある方は優先的に入れます」と親切に美術館の中に案内してくれました。妻は大好きな作品の前で喰い入るように見つめていましたが、感動のあまり突然泣きだしてしまいました。闘病中なのに妻の感性は全然壊れていなかったのです。何事かと驚いてやってきた守衛に、妻の感動を伝えると、彼も感激して最後まで付き添ってくれたものでした。

この時のパリ滞在は、私に豊かな作品を描かせてくれました。二科展に出品した三〇〇号の大作にはじまり、私が最も充実した作品を発表したのはこの時期です。これも妻がパリ行きを望まなかったら実現することはなかったと思います。

そんな想い出のパリに、私は今度は一人で旅立ちました。いいえ、妻の分骨を懐に入れていましたので、やはり二人ということになりましょうか。

時はパリ祭で賑わっている七月でした。私は、パリの美しいさんざめきに、われを忘れて興奮しました。世界各国からの観光客で混雑するパリ祭の現場で、私は無謀にも五十号の作品に挑戦しました。パリ祭の情景をそのままキャンバスに表現したかったのです。場合によっては雑踏の中で群衆に押しつぶされるかも知れない情況の下、なぜか私は、いつものように側に妻がいるように感じ始めました。私は無我夢中で描き続けました。そして五十号の作品が現場で完成したのです。

後で振り返ると、まさしく生命がけの仕事でした。そんな危険な現場での作業がやりとげられたのは、身軽になった私を、亡き妻が、守り励ましてくれたからだと今でも信じています。

妻の分骨を懐に入れてのパリ行きは、私に美しいものへの感動を再びよみがえらせてくれました。この時のパリ祭をモチーフにした作品群は、無心になって描くことの楽しみを再び確認させてくれました。

妻が逝って早一年、その間私は持病をこじらせて手術を受けました。妻に去られるまでまがりなりにも健康だった私が病気になったのも、闘病する妻に支えられていたつっかえ棒が外されて、緊張がなくなってしまったためのようにも感じられます。

結婚して六十年。最初の四十年は、最大の理解者であった妻の存在を、空気のように感じ、感謝することを忘れていた私がいました。そんな愚かな私に神は鉄槌を下されたのです。ほぼ二十年にわたる妻の闘病生活を共に分かち合いながら、私は本分である絵を描くことにすべてを傾け、妻との時間を大切にして一体となって歩むことができました。

私は未完の絵が好きです。計算された絵は作為があるようであまり好きになれません。無心に描いて出来上がって行く作品は、未完ではあっても、それで良いように思います。妻もまた無心の童女のように私の描く姿を見つめながら逝ってしまいましたが、私の心の奥底に、その柔らかな笑顔が、そっと残されています。

織田広喜プロフィール

一九一四年　福岡県に生れる。
一九三九年　日本美術学校卒。
一九四〇年　二科展初入選。
一九六〇年　渡仏（同六二年）パリにて製作、サロン・ドートンヌ出品。
一九六七年　第六回国際形象展愛知県立美術館賞受賞。
一九六八年　二科展総理大臣賞受賞。
一九七一年　二科展青児賞受賞。
一九七二年　国際形象展同人となる。
一九八〇年　織田広喜展（日本橋三越）文部省買上げ。
一九九五年　芸術院賞、恩賜賞受賞。

楽餓鬼随想録

上野火山

バンド

"As sure as the sun will shine
I'm going to get it, what's mine
And then the harder they come
The harder they fall,
One and all."
Jimmy Cliff-"The Harder They Come"

「太陽が輝く日は必ずやってくるだろう。
それと同じぐらい確実に
俺はきっとあの太陽を手に入れてみせる。
太陽は俺のものなんだ
みんな、忘れないでくれ。
どんなものでも手に入れることが大変なら
そのやっと手に入れたものを簡単に無くすことはないってことを」
ジミー・クリフ「ハーダーゼイカム」

先日、道を歩いていて、ジミー・クリフの「ハーダーゼイカム」を耳にした。懐かしかった。歌詞を聴きながらレゲェのリズムに酔いしれているうちに僕の心は、なぜか高校生のあの頃に戻っていた。

高校一年の時、担任に志望校をきかれ、「ハーバード」と答えた。ぶん殴られた。高校二年の時には、「東大文3」と答えた。その場で、川崎の溶接工場を紹介された。高校三年の時、答えに詰まって「う〜ん」と唸ると、担任は「おめぇは馬鹿だけど、音楽の才能がある」と言った。僕の人生に一条の光が射し込んだ瞬間だった。

高校二年生。そのころ僕は肩まで伸びた髪の毛を、さわやかに風になびかせ、サングラスをかけて下駄を履いた体重五八キロの細身のロック野郎だった！　今のありさまからは想像しにくいだろうが本当だ。中学生の頃フォーク少年だった僕は、高校生でロック野郎になったのだ。そこで、バンドを組んだ。勉強がさっぱりの男の子が、僕を含めて五人集まった、ギターが二本、ベースが一本だけ、他に楽器はなかった。どうしてもドラムとキーボードが欲しかった。友達の兄貴に頼んで、古くなったボロボロのドラムセットを借りてきた。キーボードは学校の音楽室にあるエレクトーンを黙って持って来ちゃった。なにしろキーボードは僕の担当だったのだ。僕には拝借する責任があった。僕らが目指したのはプロとしてのレコードデビューなんかではなかった。三年の先輩たちを送る送別会の特設ステージで演奏すること。みんなをあっ！　と驚かすような演奏をして、女の子にモテモテになっちゃうことだった。

僕らの選んだ曲は、ディープパープルの「Ｌａｚｙ（怠け者）」という曲。なんとなく自分たちのことのように思えて、「これしかないね」と決めた……と、それからが大変だ。当時は、既成の曲をコピーしようにも楽譜なんてものはない。ひたすらレコードを聴いて、それぞれのパートが一音一音聞き取って、コピーしたのだ。三ケ月ほどかかって、曲の音の一つ一つが分かりかけた頃、全員で音あわせをすることになった……ヒドかった……てんでバラバラでただの騒音。近所のオヤジが怒鳴り込んできた。泣きたくなった。

それでも、二ケ月ほどで少しハードロックっぽくなってきた。しかし、なお大きな問題があった。ドラムスが一定のテンポを保てないのと、エレクトーンの妙にヤマハ音楽教室的な音がちっともハードロックしていないということ。とにかく何としてもあのピロピロした音をアグレッシブなギャンギャンしたロックな音にしたかった。僕は悩んでいた。

そんなある日。たまたま、ギターのアンプに接続したら出るじゃないのジョン・ロードのような音が！　やった！　と叫んだ僕らは、急転直下、ハードロッカーへと大変貌を遂げていった。

一ケ月後、ついに僕らは本番のステージに立っていた。ともすれば勝手にずれていってしまうドラムにニラミをきかせるため、僕のアンプの着いたエレクトーンはドラムの斜め横に陣取った。場内はざわめき一つしない。静まり返った中で、イントロが始まった。長い長いキーボードのソロ。手に汗をかきはじめていた………。

終わった時、場内は拍手の渦だった。嬉しくて気が抜けたようになって立ちすくんでいたのを覚えている。情けない僕らでも、必死になればやれるんだと思った。必死になることだけが、何かを可能にするんだと思った。必死になって手に入れたものは、決して逃げてはいかないんだということを、僕は知った。

三年生になって、先生が少し僕の可能性をみとめてくれた時、ちょっとだけ自分が成長したような気がした。

ジミー・クリフの歌は、大分後になって知った。でも、なぜか彼の歌を聞くと、あの頃を思い出す自分がいる。「ハーダーゼイカム」は必死になって生きる人間たちへの応援歌だ。

『流れ星』

昔から、人は流れ星に祈ってきたらしい。

むかし、少年の育った町には川が流れていた。その川のほとりには桜並木があり、堤防があった。かつて大きな台風で亡くなった無数の人々を弔うために観音様がたっていた。少年の家族はその川の畔に住んでいた。

その夜、父と母が激しく言い争う声を聞いて目を覚ました。ふすまの隙間から光が漏れている。声は隣の部屋からだ。オレンジ色の光の中で、父が激怒し、母がじっとちゃぶ台の端っこを見つめている。母の髪がわずかにほつれ頬にかかっている。父が皿を投げる。部屋の隅の柱にあたって砕ける音。唇を噛みしめた母がビクッと身体をふるわせる。

少年には何が起きたのかさっぱり分からない。父と母がぶつかっている。その状況だけが分かった。

やがて、母は静かに立ち上がると、玄関のたたきへ出た。ガラス戸がガラガラと音を立てて開き、そして閉まる音が聞こえる。

弟たちの寝顔を横目に、少年は表に飛び出した。松の木の向こうの道を左にまがる母のシルエットが見える。少年は走った。理由は分からないが、母がもう帰ってこないような気がしていた。あの道の向こうに消えたら母はもう戻ってこないだろう。心臓がどきどきしていた。少年は走る。

母は観音様のすぐそばに立っていた。堤防の階段を駆け上がり、息を弾ませながら、母の横に立つ。母はじっと堤防から川を見つめていた。母の手を握る。ぎゅっと握り返す母の手。川は夜の星を映して、きらきら輝いていた。ゆっくりと母は夜空を見上げる。

「星がきれいね……」

少年も空を見上げる。ふと、母を見ると、母の頬にキラリと星が滑り落ちるのが見えた。

「流れ星だ」

少年は心の中で思った。そして、目を閉じた。

昔々の物語。

大人もかつては小さな子供だったのだ。子供は大人の気づかないところで祈っている。全く祈ることを知らない子供などいるだろうか。子供の行動には限界がある。だからこそ、心に刻みつけるようにして子供は祈ることが出来るのである。大人とは人知れず祈ることのできた「昔の子供」だ。大人になっても、やはり、その行動には限界がある。なのに大人は祈ることを忘れるのである。もしかしたら、「大人になる」というのは、「祈ることを忘れ去る」ことの謂かもしれない。

人は忘れることが出来るので、日々を生きていけるというのもまた真実である。だが、忘れてはならない決して忘れられない瞬間、というものもあるだろう。その微かな瞬間の積み重ねが現在の自分を形づくっている。記憶していようといまいと、大人とは記憶をなくした子供なのである。

「祈り」とは決して神頼みのことではない。祈りとは、誰かに頼ることなく、できごとを自分の心の眼で「見つめる」行為のことだ。

三十年ほどたって、少年はあの川の畔に立った。そして、不意に思い出したのである。まだ、若かった母の横顔、そして、まだ大人たちの現実など何も知らずに、初めて本気で祈ったあの夜のことを。

あれから、時は途方もなく遠くへ流れ去ってしまったが、流れ星の記憶だけが川面に輝いていた。少年は大人になった。だが、あの夜の祈りを決して忘れはしないだろう。記憶の中で、流れ星はひとつの永遠になった。

"If you would go up high, then use your own legs!
Do not get yourselves carried aloft; do not seat
yourselves on other people's back and heads!"

Friedrich W. Nietzche:"Thus Spoke Zarathustra"

『山頂の声』

「もし君が高みへと上りたいなら、
　君自身の足を使うことだ！
他人に高みへ運んでもらうようなマネはよせ。他人の尻馬に乗ったり、
他人の助けを期待するような、そんな態度は捨てることだ！」

フリードリッヒ・ニーチェ
『ツァラトゥストラはかく語りき』

世の中がぐらついている。人々は非情になっている。厳しさは冷酷さに変わった。批判は冷笑に変わり、夢は幻滅へと姿を変えた。希望はいったいどこに行ってしまったのだろう。

これはすべて世の中のせいだろうか。社会の制度の問題だろうか。時代の問題だろうか。政治の問題だろうか。僕はこれはすべて個人の問題だと思っている。個人個人の意志が具体的に姿を現したもの、それが時代であり、制度であり、社会だと僕は思っているのだ。社会に対し個人は個人のままでは無力であるという前提がある。果たしてそうだろうか。ユングという人がこんなことを言っている。

「もしかしたら、人々の精神の最も奥深いところで、個々の精神は同じ一つの土壌から発しているのではないか、すなわち『集合的無意識』から。」

ユングの説が正しいか正しくないかは意見の分かれるところではあるが、現実に集合的無意識が存在しているのではないかと思われるふしが沢山ある。例えば、江戸時代は江戸時代の人間がどこかで望んだ時代があの形を作ったのだ。明治、大正、昭和と日本の中で軍部が力を増していった背景には、当時の名もない人々の希望が隠されていただろう。そして、戦後の日本の歩みも、現在に至るまで、実は人々の希望の上に為された発展ではなかったか。

誰も「そんなことは望みもしなかった」などとは言えはしないだろう。現代のこの国の有様は僕ら一人一人の暗黙のうちの望み、暗黙のうちの了解の上に構築されているのである。

問題はここにある。誰もがどこかで望んでいるにもかかわらず、その一方で「そんなことは望みもしなかった」「だれがこんな風にしたんだ」と思う僕らの精神のありようである。

僕らは望みを人に託しているのである。

僕らは他人に期待しているのだ。

僕らはどうせちっぽけな影響力のない小さな一個人に過ぎないと思いこんでいるのだ。だから、誰もがうすうす心の中で望んだことが姿を現したとき、人は決まってこういうのである。

「社会と時代の責任だ」と。

これは明らかに間違っている。社会とは僕らであり、時代とは僕らなのだから。

ユングの言葉を待つまでもなく、明らかに個の意識は全体の意識に影響を与えている。「私」とは一つの世界である。「私」とは一つの時代であり、「私」とはかけがえのない一つの責任なのである。

人は迷宮の中を歩き続けているが、その中で希望が一点の光として存在しているとすれば、それは自己の責任を果たすということだと思う。自己の責任とは、他人ではなく自分自身に期待し、自分自身を鼓舞し、自分自身の足で立とうとすることだ。もし、個人が個人の責任を果たす生き方が出来れば、それはやがて、社会や時代に確実に影響を与えることだろう。その時、時代は音をたてて変わるだろう。僕は、その音が聞きたい。その音を生きたい。

ニーチェの描いたツァラトゥストラは、最後にこんなことを言っている。
「今や世界は完璧になった。深夜は真昼でもある。苦痛は快楽でもある。呪いは祝福でもある。夜は太陽でもある。………すべての快楽は永遠を欲する。深い、深い永遠を欲する。」

『朝』

一通のはがきが届いた。

『東京にいた頃は、いろいろとお世話になりました。ちょっと短かったけれど、いい思い出ばかりです。

主人も一日三回のリハビリをがんばってやってます。これから家族みんなで頑張っていこうと思ってます。』


午前七時五〇分。家を出て、暫く歩くと踏切がある。運が悪いと一〇分ぐらい開かなくなることもある。開かずの踏切である。駅へと急ぐ人の波の中に僕はいた。

不意に僕を呼ぶ声がした。周りを見ても、知らない顔ばかり。気のせいだと思った。

「上野さん……」

今度ははっきり聞こえ、振り返って声のする方を見た。

すると、大きな体の男性の後ろに、ちらっと同じマンションに住む奥さんの顔が見えた。

彼女はいつも笑っている人だ。チョコンと会釈されたので、僕も慌てて会釈する。

「……病院？」僕が訊いた。

「午前中、リハビリなんです」と彼女。

「動けるようになりました？」

「ゆっくりですけど、一人でなんとか。あッ、この人主人の兄なんです。」

すぐ前に立っていた大柄の男の人が、人の良さそうな顔で頭を下げる。どうも、と僕。踏切の音がやみ、遮断機が上がる。一斉に動き出す人々の群。ご主人のお兄さんが大股で走り出す。それじゃ、とまた頭を下げた彼女が後を追って駆け出していった。背中に背負ったデイバックが左右に揺れる。大男のすぐ後ろで、小さな彼女はまるで小学生のようだ。

去年の年の瀬。世の中が慌ただしく動いていた頃、夜中に雨が降った。高速の出口付近でエンストを起こし、停車した車の外で様子を見ていた男性が、後ろから走ってきた車に突っ込まれ、重傷を負った。冷たい冬の雨の降る夜だった。加害者は雨の中、携帯電話の通話中による前方不注意。そして、被害者は彼女の夫だった。

新聞にも載らない小さな事故だ。

一時は生命も危ぶまれたが、数ケ月意識不明の状態が続き、やがて目を覚ました。脳に致命的な傷害を受け、半身不随になった。

北海道から、いつか洋食の店を出すという夢を抱いて、去年彼は家族とともに東京にやってきた。妻と幼い娘と三人暮らし。彼らのささやかな夢が、事故で一瞬にして打ち砕かれた。

こういう出来事は形こそ違え、いつでも誰にでも起こり得ることだ。何よりも辛いのは、自分の人生を動かしてきた夢が崩れていくことだ。挫折。確かに人はそう呼ぶかもしれない。可愛想に、と人は言うかもしれない。だが、僕はそんな風にはとても思えないのだ。僕には同情など出来ない。なぜなら、彼らは人に同情を求める以上に、必死だったからだ。必死に戦っている人間に同情するなどというふざけたことが出来るだろうか。僕には出来ない。挨拶をするだけ、それが精一杯だった。

彼女は走っていた。夫の元へ一刻も早く辿り着くため、今日が昨日より良い日であると知るために、彼女は走っていた。そして、そこに希望があった。希望は朝の光に輝いていた。

挫折とは、人間が希望へ至る夜明け前の、あの暗闇のことだ。そして、朝とは、誰にも必ずやってくる輝きに満ちた一つの希望に違いない。

遠くに走っていく二人の姿が見える。人の波にどんどん紛れていく。やがて、僕の視界から二人の姿が消えた。

ひと月して、彼らは北海道へと帰っていった。わずか一年の東京の暮らしが終わった。はがきが届いたのは、それから一週間後であった。

『祭りの準備』

去年、池袋の文芸座という映画館が閉館した。その地下には「文芸地下」という邦画専門の小屋があり、「ル・ピリエ」という小劇場が併設されていた。あそこは、いわば二〇代の僕のすべてが凝縮していた場所だった。

二十歳の時、友達とオールナイトでＡＴＧの作品を毎週のように見た。ＡＴＧというのは、当時今では考えられないほどの低予算で上質の映画を制作していこうと燃えていた一群の人々のことだ。

そして、その作品の中に「祭りの準備」という映画があった。

昭和三十年代初頭。主人公の楯男は高知の中村の信用金庫に勤めていた。希望のない日々に疲れていあた彼には、ひとつだけ夢があった。いつか東京に出て、シナリオ作家になるという夢。様々な出来事があり、やがて、彼は故郷を捨てる決心をする。誰も見送りに来ない駅。だが、たまたま一人だけ人の眼を盗むようにして彼に近づいてきた男がいる。殺人を犯し、警察に追われる友達の利広だ。彼は楯男の決心を知らない。ただ、逃げるため、金をせびりに来たのだ。

楯男が東京に行く決心を知ると、利広は、せびり取った金と、食いかけのあんパンを、楯男に突っ返す。

列車の発車時刻になる………。

○国鉄窪川駅ホーム

列車のデッキに立った楯男。ホームで見送る利広が、急に大発見したように叫ぶ。

利広「楯男！　わりゃ、菊男さんに作ってもろうた背広着ちょるじゃいか！」

楯男「うん……これか？」
利広「(ポンポン肩を叩き)　これで、われ、東京の銀座歩いてみよ……菊男さんは大喜びぜよ！」
　発車のベルが鳴り響く。
利広「頑張ってやれや、楯男……頑張れや！」
　列車はゆっくり動き始める。
　突然、利広、吃驚するような大声で叫ぶ。
利広「バンザイ！　バンザイ！」
楯男「(ギョッとして)　利広さん……」
　利広、ひどく興奮して、両手をあげてニワトリが羽ばたくように飛び上がる。
利広「バンザイッ！　バーンザーイッ！」

　映画のラスト・シーン。列車は遠ざかり、利広がホームで見えなくなるまでバンザイする姿があった。あのバンザイに僕は何度励まされたことだろう。人生はバンザイなんだ！　人生は捨てたもんじゃないんだ！　理屈ばかり言って、行動を先延ばしにしている暇なんかないんだ！　馬鹿野郎！　今走り出さないで、いつ走り出すんだ！

僕はあのバンザイに、何度もゴツンゴツンと頭を殴られてきたように思う。

二七歳。僕は文芸地下のル・ピリエで芝居を上演することが出来た。その年の芸術祭のノミネート作品にもなった。でもそれだけだ。僕にとって、あの文芸地下で、ル・ピリエで芝居が出来て、それだけで十分満足だった。

三九歳。僕はまだ走っている。祭りはこれからだと思っている。まだまだ祭りの準備中なのかもしれない。それでも、僕は走り続けるだろう。自分に「馬鹿野郎！　しっかりしろ！」と喝を入れながら、僕は走る。

僕には聞こえるのだ。はるか遠い昔、田舎の駅を出発するとき、たった一人で見送ってくれた母の姿と、心の声が。

あの時、東京に旅立つ先の見えない息子に、心の中でつぶやいていたはずだ。

「バンザイ！　バンザイ！」と。

夏は人生の祭りだ。そして、祭りの準備は今が佳境なのかもしれない。

『ダンス』

夕方。妻と娘と三人で近くの公園に行った。買ったばかりの自転車に乗って、赤や黄色に色づいた木々の間を二人を乗せて、僕はぐるりと公園を一巡りし、妻はそのまま自転車の練習をするため、公園の散歩道を一人で走りだしていった。


「やっぱ、講習会すか？」

不意に声がした。

すぐ近くのパンダの乗り物に、娘が必死になって飛びつこうとしていた。

「講習会？」

娘を見ている僕には何の事やらさっぱり判らない。

「講習会っすよ。あれッ違うんすか。自分、クレーンの資格簡単に取れるって親方に言われて、三日間講習会出たんすけど、そこの公民館でやってるやつ……」

坊主頭の浅黒い痩せた男が、ちょっと照れくさそうな顔でこっちを見ている。公園には木のテーブルと椅子が置いてあって、反対側の椅子に男は座ってカップ酒をちびちび飲んでいた。

「いやぁ……」

「なんだ違うんか。でも旦那さん、資格持ってると強いからね。絶対受けといたほういいよ。」

僕は笑って、娘の方を見た。すると男が叫んだ。

「おい！　こっち来いよ！」

子供が三人タイヤのブランコで遊んでいたのだが、ダッと駆け出してきた。六歳を頭に五歳と四歳だという。子供たちはケラケラ笑いながら、男の膝に乗ったりして、酒の肴のイカの燻製をつまみ食いする。

「やっぱ嬉しいよね。いつも時間ないから、遊んでやれないから……」

一番上の男の子の頭をヘッドロックしながら、男は酒をぐいっと口に含んだ。

「自分、三十二っすけど、なんとかこいつら育てないと。資格とってクレーンやんないとね」

ふと見ると、僕の娘がいつの間にかちゃっかりイカの燻製に手を伸ばしていた。

「こらっ！」

僕が手からイカを取り上げようとすると、爆発したように泣き出した。

「まだ、ちっちゃいから喉引っかかっちゃうよな。」

男は優しくイカを取り上げ、頭を撫でている。恨めしそうに僕を見上げる娘。

「子供は宝って言うけど、宝以上だよ。命だ。なんか……うん……」

ガチャン！　と音がして、遠くの方で妻が転ぶのが見える。自転車を再び立て直すと、何事もなかったようにフラフラと走り出す。ここに戻ってくるのは、当分先になりそうだ。

「仕事たいへん？」

「しんどいすけど、親方人間出来てっから、なんとかやれてんすよね。親方にぶん殴られて、ここまできたんすもんね、自分。親方いなかったらどうなってたか……うん……」

一番下の女の子が泣き出す。

「コラッ！　ちっちゃい子泣かすんじゃゃね！」

真ん中の子が口をとがらせているのを、一番上の男の子が、あやまんな、と無理矢理妹に頭を下げさせようとしている。口をとがらせた子の目に大粒の涙が溢れてくる。やがて、ポロリポロリと涙がこぼれ、声を出さずに泣き出す。

「喧嘩すんじゃねぇって言ってるだろうが。こっちこい」

男は泣いている二人を膝に乗せ、二人の頭をゴリゴリ撫でる。僕の娘はポカンとして指をくわえたまま、僕の指を握っている。涎が糸を引いているのに気が付き、ガーゼで拭いてやる。

ヒューッと風が吹いてくる。

木の葉が舞っている。

もうしばらくしたら、妻がよたよたしながら自転車で戻ってくるだろう。そして、僕は二人を乗せて、力一杯自転車をこぐだろう。


この地上には数え切れないほどたくさんの人間が生きている。泣いたり、笑ったり、怒ったり。人間は素晴らしいぞ！　でも一番素晴らしいのは、「今」に密かに感謝しながら、精一杯生きている時だ。この地上にあることを、喜びや悲しみや怒れる心に、夢中になっている人間に、その人間を見つめるまなざしに、感謝！

ふと見渡せば、僕らは幸福の直中に常に存在していることに気がつくのだ。人間の不幸とは、己の幸福に気がつかないことだ。それは常に外の世界を見ているからである。しかし、世界もまた己の反映なのだ。自己の幸福に気がつくこと。そこに世界が光り輝く瞬間がある。

そして、風がまた吹いてきた。

そうだ。

赤や黄色の木の葉がダンスを踊っているのが、僕には見える。

『小指』

病院の夕暮れにはなんとも言えない寂しさがある。そして、特に末期の患者にとって夕暮れは、つらい時間であった。

今から十六年前、まだホスピスと言われるようなターミナルケア（末期患者の最後の人生を穏やかに過ごさせることを目標にした医療）は、ほとんど名前すら耳にすることのない時代。患者たちは、ひたすら放射線療法で髪は抜け、食欲をなくし、つらい治療に耐えていた時代。
僕は半年ほど、大塚の癌研で、一人の女性と暮らしたことがある。彼女は僕に小指の思い出をくれた人だ。名前はレイコ。

学生の頃からつき合っていた女の子がいた。彼女にはすでに父はなく、母一人子一人だった。ある日、彼女が自分の母親が乳癌であること、余命半年であることをうち明けた。そして、毎晩、付き添いがいるのだが、彼女一人ではとても身が保たないことが判った。彼女はその頃、建設会社に勤めだしていて、僕の方は舞台で明け暮れる暮らし。というわけで、僕は夜のバイトをやめて、レイコさんの付き添い生活が始まったのだった。

「ナオちゃんごめんね……」
レイコさんは、よくそんなことを言った。肺に転移した頃、気泡の混じった痰を受け皿で取り、頻繁にその受け皿を洗わなければならない。口から吐き出されるのを受け皿が間に合わず手で受けることもある。そんな時、決まって彼女はそう言うのだった。でも、その頃の僕は、髪はボサボサの長髪で、穴だらけのジーンズにスニーカーという、どこから見ても立派で陽気なヒッピーだったので、汚れ仕事は全然気にならなかった。むしろ、看護婦さん達に初めの頃、怪しまれたのがこたえたくらいだ。

やがて、癌は彼女の脳に転移していった。

「性格が変わるんだって。人が変わるんだって。そしたら、ナオちゃん、ここ、もう来なくていいから」

ある日、彼女はポツリと、そう言った。僕は脳腫瘍のことを、その時初めて知った。自分ではどうしようもなく、日に日に自分が変わっていくのを自覚する恐怖を、僕は初めて知った。まだ、五十になったばかりの彼女の髪は、放射線で真っ白くなり、指も細くなり、背中が湾曲していった。

「おばあさんみたいでしょ？」

僕は返事ができなかった。

夜。僕は簡易ベッドに毛布にくるまって寝ていた。看護婦さんが見回りに来る。懐中電灯で、患者のベッドを照らす。軽い咳と寝息が聞こえる。看護婦さんは、ちょっと布団を直すと出ていった。

「ナオちゃん…」

不意にベッドから声がした。あわてて飛び起きる。ベッドに駆け寄る。彼女が僕を見ている。

「眠れなかったんですか?」

彼女が頷く。

「こっち来て」

僕が近づく。

「約束して。カオリのこと頼むね。あたしがここにいた証だから。それから……あたしのこと忘れないで……」

彼女が痩せた細い小指をゆっくり差し出した。僕はその指に小指を絡ませる。痩せた指なのに驚くほど柔らかい。小指に力が入る。彼女がクックッと笑った。僕も笑った。薄暗い病室の中で、僕らは二人で静かに笑った。

数日後。

病室には、誰もいなかった。ガランとした病室で、看護婦さんが彼女が亡くなったことを教えてくれた。僕は間に合わなかった。最後の最後に間に合わなかった。その日が僕の舞台の初日だったことを覚えている。

カオリさんは、今アメリカでお母さんになり、元気に暮らしている。

僕は、ちょっと老けたが、やっぱり東村山で元気に暮らしている。

そして、今でも僕の小指には、レイコさんの思い出が残っている。

忘れないよ。レイコさん。

『Life Ahead』

"We must bring our own light to the darkness.
Nobody is going to do it for us."

By Charles Bukowski

人間はちっぽけなものだ。そのちっぽけな存在を活かすも殺すも、その存在自体、その人間自体にかかっている。

思い返せば、自分という人間は、常にそういう存在だったと思う。今は年を経て、様々な経験が、形こそ変えてはいるが、私は私のままだ。

人には様々な時と場所が与えられ、その条件の元で生きざるを得ないし、人生を花開かせなければならない。自分の歩んできた道を恨むまい。自分の歩んでいこうとする道を失望すまい。

ちっぽけな一人の人間である私は、時や場所や他人との関係に屈することなく、悠々と生きていくだけだ。

私には私の道がある。他の誰も予期することのできない道が。それでも私にだけは心静かに、ぼんやりではあるがその道が見えているのだ。この地上には数限りない人間がいて、私はそのちっぽけな一人の人間に過ぎないけれど、歩む道は限りなく遠く、様々な未来に彩られているはずだ。それ故、近頃、孤独と本当の意味で親しくなったと思う。孤独は捨てたもんじゃないのだ。読書し、学び、音楽を聴き、考え、書き、歩き、食べる。たった一人で、思う存分ちっぽけな私を感じ、ちっぽけさ故の軽さと、私という意識故の重さに気づき、焦ることなく、他人を恨むことなく、堂々と私という一つの道を歩いて行けそうな気がしてくるのだ。

何十億分の一として自分を考える時、確かに私はちっぽけであるが、その時、一人という存在の重さに目が覚めるのだ。

「私」とはこの世を見つめるただ一つの「窓」である。

三年ほど前に亡くなった作家チャールズ・ブコウスキーはこんな事を言っている。

「我々は皆、この暗闇に、自分自身の火を灯さなくてはならない。他の誰も、私のために、そうしてくれることは決してないのだから。」

チャールズ・ブコウスキー「七〇代の年寄りのごったまぜ」より

この世の中は、自分自身で火を灯そうと思わない限り、不況であろうが受験戦争であろうが、暗闇のままである。火をつけるのは君であり、僕である。そして、火をつけるということは、暗闇に窓を開けることだと思う。

アザラシの親子に与えられた、母と子の時間はわずか二週間だそうだ。二週間たつと母親は子の前から姿を消す。子供は母を呼びながら鳴き続けるが、やがて、不意に鳴くのをやめる。

アザラシが自分の生に一歩足を踏み出すのはそこからなのだ。鳴くことをやめること。母親のぬくもりを諦めるところからすべてが始まるのだ。

時代は確実に閉塞している。君や、僕が、今変わろうとしないで、どうやってこの閉塞状況を抜け出していけるのだろう。

暗闇に火を灯すというのは、何とかして自分に刺激と活気と勇気を与え、人生を切り開いて行こうとする態度のことなのだ。僕らは一人一人があの母親を諦め、鳴くのをやめたアザラシの子なのだと思う。アザラシも人間も等しく地球の子なのだから。

さあ！　もう暗闇の中で、待っている時ではない。火を灯し、窓を開け、自分の力を信じて飛び出していこう！

君が変わり、僕が変われば、絶対に今日と違う明日がやってくるだろう。今日とは違う明日、僕は君と出会いたいと思う。火は心にともる、自分だけの決意なのだ。

上野火山

１９５８年栃木県に生まれる。

岩手県で育ち、父である作家・上野霄里から語学の基本をはじめ知的シャワーを18歳まで浴びる。読書経験は古本屋からリヤカーで集めてきたこの父の膨大な書庫から始まった。

慶応義塾大学・文学部在学中より演劇活動を開始し、芸術祭参加作品「Foreverアンチゴーヌ」（舞台・大和田伸也演出）、松竹・豪州ワーナーブラザース提携作品「シンガポール・スリング」（映画・若松孝二監督）等の脚本執筆を経て、現職、文化学院・文学科・演劇専攻・講師。

あとがき

エッセイ集『窓』の発刊当初の視点は、執筆者の資格を問わず、ジャンルやテーマは自由に、執筆者自身の想いや人生を自分の言葉で書いていただくということでした。
編集部のこの意図は、第一集の発刊とともに多くの読者に深い感銘を与え、第二集へと発展しました。それはまた、いくつかの詩誌に書評として取り上げられるという光栄に浴したことも数多くあります。
有名無名の別なく、自らの人生を確かな足どりで歩んでこられた方々の想いや生きざまを、エッセイという短文に凝縮させた『窓』の文集は、ただに感動ばかりでなく、これを読む人々にとって生きる道標ともなるのではないでしょうか
こうした思いに励まされて発行を重ねて参りました『窓』も、ついに第十集という、私どもにとりまして記念すべき節目とも言える発刊となりました。
今回も、各界でご活躍の方々に執筆をお願いいたしました。それぞれの仕事や立場を通しての日頃の思いや率直なご意見は、時代の問題点をしっかりととらえていて、読む者に深い共感に浸らせてくれます
たとえば、昨年暮れ、十九世紀最後の年のノーベル平和賞を受賞した〝国境無き医師団〟の活

動報告は、戦場と化した現場での、まさに生命を賭けた活躍ぶりがうかがえる内容であり、世界の各地では何が起きていて、何が必要とされているかを私たちに知らせてくれています。

また、女優をお仕事となさっておられる立場から、テレビ番組制作上の問題点をとり上げ、人間にとって大切なものは何かを問いかけている方もおられます。

一方、お孫さんへの愛情から〝三世代同居〟の良さを語りながら、現在最もホットな話題、すなわち介護問題にまで発展させ、笑いだけにとどまらず、一緒に考えさせて下さる方もおられます。

それぞれの人生の重みから発する思いのあれこれを載せた第十集です。短い文章ではありますが、執筆者の言わんとするところは、読者のみな様の心の奥に十分受け止めていただいたことと思います。

二〇〇〇年、ミレニアムの年に発刊されましたこの『窓』第十集が、読者のみな様の胸の中に、豊かな想いを運んでくれることを心から願っております。

最後になりましたが、ご執筆者のみな様、取材に応じて下さった方々にこの場をお借りして厚くお礼申し上げますとともに、一部の先生方には、たいへん長いことお待ちいただいたことを深くお詫びいたします。有り難うございました。

また、二一世紀にお会いいたしましょう。

平成十二年四月吉日

明窓出版　代表　増本利博

星の歌　上野霄里著

第1章　星の家——宮沢賢治考——

宮沢賢治についてその生まれ育った、花巻という土地柄、人情、に筆を起こし、賢治の少、青年期の思い出をたどる。一晩中牧場を歩き回って、通りで行き会ったひとに「性欲の苦しみはなみたいていのことじゃありませんね。」と語る賢治。妹トシの死、その「無声慟哭」を書いた処女詩集『春と修羅』が、じつは、詩集ではなく心象スケッチと入れるはずが、手違いからそうなってしまった。誰をも責めようとせず、詩集という文字の上に一冊ごとに、金粉をごしごしとこすりつけていた。というエピソードなどがかたられる。しかし、賢治の虚像に対しても容赦はしていない。賢治がヒューマニストであり、博愛主義者であったことを死後発見された「雨ニモマケズ」という詩が証言しているがごときに言われ、それが定説となってしまっているが、著者は、反語詩と見ている。《東に病気の子供がいても知らぬ顔、西に疲れた母がいても無関心……というのがこのわたしである。》と。

賢治をして、「あのような立派な詩人がいるのだから、自分などは書かなくてもいいようなものです。」と言わせた三野混沌という同時代の福島に住む詩人を紹介している。じつは、この農民詩人こそが「デクノボウ」であり「雨ニモマケズ」であったのだという。又、［世界全体が幸福になるまで個人の幸福はありえない］と言う言葉に対しても世界が平和になるというのは、形式であり結果である。個人が平和になるというのは本質であり原因である。因果関係の倒錯は絶望的な自己矛盾ではないのかと言う。その他、童話『注文の多い料理店』や『よだかの星』等に対する著者の思い入れは激しく、いかに愛情をもって見つめているかが分かる。

エッセイ集

『窓《まど》』

——第十集——

明窓出版

平成十二年四月二十日初版発行

発行者——増本　利博

発行所——明窓出版株式会社
〒一六四—〇〇一二
東京都中野区本町六—二七—一三
電話　（〇三）三三八〇—八三〇三
FAX　（〇三）三三八〇—六四二四
振替　〇〇一六〇—一—一九二七六六
印刷所——株式会社　シナノ

ISBN4-89634-046-9

http://meisou.com　meisou@meisou.com

心のオシャレしませんか

丸山敏秋著

幼児開発にとって大切な「母親開発」に参考になるテーマがいろいろ盛り込まれています。内容も具体的でわかりやすく、すぐに役立つ事柄も多いでしょう。子育て中のお母さんお父さんはもちろん、広く世の女性に読んでいただきたい本です。

推薦　井深　大（ソニー名誉会長）

定価　一二〇〇円

親と子のハーモニー

丸山敏秋著

「心のオシャレ・パートⅡ」現代社会で子どもたちに大事なものは何なのか、何が必要なのか、その辺のところを親としてしっかり見極め、時流にただ流されるのではなく、自分の流儀で、信念をもった子育ての方針を立てることが大切！

定価　一二〇〇

坂口三郎沈黙を破り、たまらず起つ

『20世紀分析』

——人間は迷信に狂う唯一の動物——

坂口三郎著　　定価　1000円

日本の大臣も、代議士も、官僚も、生き残って栄達している奴等は、まさに『商女は知らず亡国の恨み』である。亡国五十年、主権在米、国民主権はどこに消えたのか、首相官邸にも、国会議事堂にも、日本憲法がない。永田町を騒がせているのは、セックス・スキャンダル、それに金銭スキャンダル。政策のない新党運動である。新党は新政策から生まれるもので、代議士の頭数から生まれるものではない。(本文より)

あなたはこれを読んでなお、日本の宗教、政治を信じることが出来るだろうか??